これからの
体育科教育は
どうあるべきか

編著 高田彬成／森良一／細越淳二

東洋館出版社

はじめに

「学習指導要領が改訂され、何が変わったのですか？」と聞かれたら、読者の皆さんは何と返答するでしょうか。私は迷わず、「授業が変わりました」と答えるようにしています。理由は、授業が変わらなければ、学習指導要領が改訂された意味がないと考えているからです。

昭和の体育から平成を経て、令和の体育がどんな姿なのか、俯瞰してみてください。体育が技能教科の1つに分類され、技能の習得や向上を教科指導の主たる目標に据えられていた時代があったかもしれませんが、今はどうでしょうか。技能の習得が学習の中心になっていないでしょうか。もちろん、技能指導を否定しているわけではありません。技能の習得は子供の目標や願いとも重なるため、技能の指導は大切ですし、技能の程度を適切に評価することも重要です。しかし、技能の「できる」ばかりを追求し、「考える」「工夫する」「分かる」「伝える」「認める」「協力する」「貢献する」「安全に気を付ける」などの技能以外の「できる」を過小評価していないでしょうか。

また、先生が決めためあてに向かって子供が一生懸命に取り組むことを指導と捉え、先生の意を汲んで黙々と反復練習をする子供を育てていないでしょうか。さらに、努力して達成する喜びを味わわせるために、できない技を熱心に指導し、ようやくその技ができるようになった子供から、「もう練習しなくていいですね？」と念を押されてしまうような授業をしていないでしょうか。運動の楽しさや喜びを味わうこと主たる目的と捉え、「運動が苦手でも体育は得意」な子供を育てる授業や、「うまくできないけど行い方がよく分かっている子供」が大活躍する授業を目指しているでしょうか。新しく教師になった方は、自分が子供時代に教わった授業のイメージで指導をすれば、それはおそらく令和の体育ではないでしょう。経験を積んだ先生であっても、以前とあまり変わらない指導をしていたのでは、それが本当に令和の時代に相応しいのか問い直していただきたいのです。つまり、全ての先生に授業のアップデート

が継続的に必要であると考えます。時代とともに指導観が変わるのは必至です。主体的・対話的で深い学びの視点からの授業改善が求められている中、体育科では学習したことを実生活や実社会で生かし、運動やスポーツの習慣化につなげたり、体力や技能の程度、年齢や性別及び障害の有無等にかかわらず、スポーツとの多様な関わり方を場面に応じて選択したりすることを重視した指導が希求されています。また、心と体を一体として捉え、生涯にわたって心身の健康を保持増進し、豊かなスポーツライフを実現するための資質・能力を育成するためにも、運動領域と保健領域との関連を図る授業の創造に余念なく取り組むことが重要となっています。加えて、「GIGAスクール構想」の実現に向けた取組が急速に進められる中で、ICT機器を活用してどのように教科の目標を達成していくか、試行錯誤を続けていくことも大切であると考えます。

　そこで本書は、現行学習指導要領告示から5年が過ぎ、現状の体育科教育はどのようになっているのか、その課題等を改めて問い直すことをねらいとし、全5章の構成としました。令和の体育指導に向けたアップデートの一助となることを願いつつ、第1章では、学習指導要領の改訂で何がどのように変わったのかについて改めて整理しながら、第2章での新しい評価の在り方についての理論と実践の紹介につなげます。第3章では、運動領域と保健領域との関連を図る指導の具体について例示するとともに、第4章ではICT機器を活用した事例を紹介します。そして第5章では、今後の学習指導要領改訂を見据え、これからの体育で求められることについて論じています。

　本書が、各学校や各学年の体育科の授業改善の一助となることを祈念し、擱筆とします。

令和5年11月吉日

高田彬成

これからの体育科教育はどうあるべきか

　　　これからの体育科教育はどうあるべきか

第 1 章

学習指導要領改訂により
体育の授業はどのように
変わったか

1

3つの資質・能力をどのように育成していくのか

　現行学習指導要領において、各教科等で育成を目指す資質・能力として、「知識及び技能」「思考力、判断力、表現力等」「学びに向かう力、人間性等」の3つの柱が示されました。従前の体育の指導内容は、「技能」「態度」「知識、思考・判断」となっていたため、「知識」が「技能」と対になり、「思考・判断」に「表現」が加わり、「態度」の名称が「学びに向かう力、人間性等」となったと考えれば分かりやすいでしょう。「知識」と「技能」が対になったことで、「○○の行い方が分かるとともに、○○をできるようにする」というように、「知識」と「技能」をより関連付けて指導します。また、「思考・判断」に「表現」が加わったことで、思考し判断したことを他者に伝えることをより重視します。さらに、学習に積極的に取り組むなどの「学びに向かおうとする力」や、ルールを守り、相手を認めようとするなどの豊かな人間性の育成をより明確にしたことになります。

1 「知識及び技能」の育成

　体育科における「知識」とは、「運動（遊び）の行い方に関する知識」と「身近な生活における健康に関する知識」のことを指します。保健領域で育成を目指す「知識」は、3年生「健康な生活」、4年生「体の発育・発達」、5年生「心の健康」と「けがの防止」、6年生「病気の予防」に関することです。

　一方、「運動（遊び）の行い方に関する知識」は、各領域の運動の特性（その運動がもっている楽しみ方等）によって異なるだけでなく、子供の発達の段階に応じて、技能に関連する知識の習得を目指します。具体的には、例えば低学年の「ゲーム」では、ゲームの仕方や約束、攻め方や守

り方など、ゲームを行うために知っておく事項のことを「知識」と捉えます。また、中学年からは、うまく動くためのこつやポイントについても、行い方の知識とします。「知識」の指導においては、運動の行い方を丁寧に説明したり、掲示物や学習カードを用いたりするなど、子供に分かりやすく「見える化」する工夫が大切となります。

　また、「知識」の評価においては、授業中の動きや発表、つぶやき、学習カードへの記述等で見取ることが想定されます。その際、小学校では、ペーパーテスト等を用いて「この運動の行い方をどのくらい理解しているか」という知識の程度を正確に見取ることまでは求めていないことに留意します。具体的には、技能ができている子供や知識のあることが動きとして表れている子供は、「動き方が分かっている」と捉え、B（おおむね満足できる状況）として評価することができます。その上で、動きのこつやポイントなどを詳しく説明したり、友達に的確に技能に関するアドバイスをしたり、学習カードに運動の行い方に関する記述が詳しく書けていたりすれば、A（十分に満足できる状況）と捉えるなどの評価規準が想定されます。一方、課題をよく理解してないために立ち止まっている子供や、動き方が分からないで右往左往している子供は、「行い方が分かっているか」を見極めることが大切です。その際、行い方が分からなくて動けないのか、行い方は分かっているが動けないのかを見取ります。前者においては、「知識」の指導を丁寧にすることによって、動きとして知識の獲得の程度を見取ることができます。一方、後者においては、「技能」の獲得には課題があるものの、動き方を説明することができたり、友達に動き方を伝えたりすることができるなど、「知識」の程度を評価することが大切です。このように、「知識」の指導は、「技能」の指導と関連付けて行うことが求められます。

　次に、「技能」の指導については、従前より体育科で中心的に扱われてきました。そのため、技能の習得が学習の中心で、「できること」や「うまくなること」に邁進し、教師による教え込みが強めの授業も散見されました。「技能」の習得は、子供にとって学習の目標であり、課題

を見付けたり解決のための工夫をしたりするなどの源です。しかし今後は、「知識及び技能」の習得を目指しつつ、「思考力、判断力、表現力等」と「学びに向かう力、人間性等」に関する指導をバランスよく行うことが求められます。また、従前は「技能」単独で評価していたことが、「知識・技能」となったことで、「できなくても分かっている」子供への評価がプラスに転じ、全ての子供の豊かなスポーツライフの実現が期待されます。

2 「思考力、判断力、表現力等」の育成

運動領域における「思考力、判断力」の育成については、主に次の3つの段階を捉えることが大切です。まず、易しい運動（動き）から始めながら、少しずつ難しい運動（動き）に取り組む中で、自己の課題を見付けていく（課題に気付く）段階です。ここから、学習が始まることに留意します。その上で、「もっと上手にできるためには、何が課題か」「相手に勝つためのポイントは何か」など、学習の各段階に即した課題への気付きが重要となります。そのため、子供一人一人が自分に合った課題を見付けることができるような手立てを講じることが大切です。

次に、課題を解決するための活動を選ぶ段階です。小学校においては、提示された活動の中から、自己の課題に適したものを選ぶようにすることが、「思考・判断」の指導の中核となります。そのため、子供の課題の解決につながる活動をいくつか提示し、適切に選べるようにするなど、課題選びの具体化（「見える化」）が指導のポイントとなります。

さらに、選んだ活動を試行錯誤するなどして粘り強く取り組む段階が想定されます。子供は自分なりの工夫や調整をするなどの「思考・判断」を重ね、課題の解決に近付こうとします。そのため、子供が選んだ活動を自分なりに工夫したり、新たな気付きを獲得したりすることができるよう、場や発問の工夫に留意することが大切となります。

「思考・判断」の評価は、「知識」と同様に、授業中の動きや発表、つぶやき、学習カードへの記述等で見取ることが想定されます。評価にお

いても、前述した「指導の３段階」に即して捉えます。第１に、運動に取り組む中で、自己の課題を見付けているかどうかを見取ります。その際、「課題＝できないこと」ではなく、できることをもっとうまくしたり、何度も繰り返したりする行い方を考えることなども、その子供なりの課題と捉えることに留意します。第２に、自己の課題の解決に適した活動を選んでいるかどうかを見取ります。その際、「課題の設定＝活動の決定」となっているかを見取り、課題の解決と子供の活動が合致していない場合には、指導の工夫が必要となります。第３に、課題の解決に向けて選んだ活動を自分なりに工夫しているかどうかを見取ります。その際、教師が提示した活動を手がかりに、課題の解決に向けた活動を子供なりに工夫できるような手立てを講じるとともに、思考し判断したことが動きや学習カードへの記述に表れるよう指導することが大切です。

　次に、体育科における「表現」とは、子供が思考し判断したことを他者に伝えることと捉えます。「他者」とは、友達・仲間はもちろん、教師や保護者、地域の人々も含めた自分以外のもの全てを指します。子供が課題の解決に向けて思考し判断したことを、友達や教師などに言葉や文章、身振りなどの動作など、様々な方法で表現できるよう指導することが求められます。そのためには、子供の課題解決に向けた思考・判断を容易にする手立てを講じるとともに、課題解決のための資料の充実、ICT端末の効果的活用、学習カードの工夫など、子供が思考し判断することをできる限り「見える化」する工夫が大切です。また、子供たち相互の見合いや教え合い、励まし合い、称え合いなどの活動を重視し、言葉や動作、表情等によるコミュニケーションの輪を大きくすることも、表現力の育成には重要です。そのためには、学習集団の温かい雰囲気、協力して学ぶ態度、他人事を自分事にする意識の醸成などに留意します。

　運動についての課題は、子供一人一人によって異なることが想定されます。技能の習得や競争での勝利などを目指し、自分はどうすればもっとよい動きになったり楽しくなったりするのか、という今ある課題は何かを理解できるようにすることが求められます。そのためには、子供が

自己の課題は何かに気付くための発問や運動の機会を保障することが大切です。課題は何かに気付くことができない子供には、友達同士の見合いや教え合い、ICT端末の活用など、様々な手立てを講じ、気付くことができるよう導きます。課題に気付いたら、子供が自分に合った解決方法を選べるようにします。そのため、それぞれの課題に応じた解決方法を明示することが大切となります。また、自分が考えたことを友達に動作や言葉で伝えたり、学習カードに書いたりするアウトプットの機会の充実を図ることも重要です。

3 「学びに向かう力、人間性等」の育成

　現行学習指導要領において、「学びに向かう力、人間性等」の指導の目標は示されていますが、指導の内容まで明確に示されていない教科等がほとんどである一方、体育科運動領域においては、内容まで明確に示されています。このことから、体育は、運動を通して、学びに向かおうとする態度や豊かな人間性等を育むことをより顕著に表した教科であるということができます。内容の具体としては、「愛好的態度」「公正・協力」「責任・参画」「共生」「健康・安全」の5項目が示されています。子供の発達の段階や領域の特性等に応じて、適宜重点化を図るなどして、これらを意図的に、バランスよく指導することが大切です。

　「学びに向かう力、人間性等」の指導は、運動領域で扱う様々な運動を行うことを通して総合的に育成を目指すこととしています。「愛好的態度」については、各種の運動の特性を踏まえ、運動の楽しさや喜びを味わえる機会を十分に保障することなどにより、その運動への関心を高めるとともに、何度でも行いたいという意欲を育むことを目指します。「公正・協力」については、友達と仲よく楽しく運動することを通して、きまりを守ることの大切さや、協力して何かを成し遂げることの素晴らしさを味わえるようにすることなどにより、それらの態度を育むことを目指します。「責任・参画」については、楽しく運動するために自分がすべき役割を果たし、グループの一員としての実感や友達から認められ

た達成感を味わえるようにすることなどにより、それらの態度を育むことを目指します。「共生」については、ルールや用具、場などを工夫することで、技能の程度や障害の有無等にかかわらず、誰とでも楽しく運動することの意義や価値に触れられるようにすることなどにより、その態度を育むことを目指します。「健康・安全」については、各種の運動を安全に行うための留意点を示し、安心して楽しく運動する機会を十分に保障することなどにより、それらの態度を育むことを目指します。

　一方、「学びに向かう力、人間性等」の評価においては、「主体的に学習に取り組む態度」という観点名とすることとしています。体育科運動領域においては、前述の５項目に対応する評価規準を作成し、それぞれの態度がどの程度身に付いているかを評価します。「愛好的態度」については、運動に進んで取り組もうとしているかなどを見取ります。「公正・協力」については、きまりを守り、友達と協力したり助け合ったりしようとしているかなどを見取ります。「責任・参画」については、用具の準備や片付け等の役割を果たそうとしているか、グループ活動にどう参加しようとしているかなどを見取ります。「共生」については、中学年以上から評価の観点に加えるものであり、友達の意見に耳を傾け、よい考えや取組を認めようとしているかなどを見取ります。「健康・安全」については、場や用具等の安全に留意し、危険を回避しているかなどを見取り、この観点のみ、「～しようとしている」という意識の表れではなく、実際に「～している」姿で捉えることとしています。その理由は、安全は意識だけでなく、実際の行動として表すことができるかが重要だからです。

　「学びに向かう力、人間性等」の指導と評価で最も留意すべきは、これらの態度の育成が、「運動の楽しさや喜びにつなげるため」にあるということです。「守らなければならない約束」や「学習規律」とするではなく、「これらの態度を育成することでもっと運動が楽しくなる」「豊かなスポーツライフの基礎になる」という指導観が大切となります。

文責：高田 彬成

2

体育や保健の見方・考え方を働かせた姿とは

　現行学習指導要領で示されている各教科等の「見方・考え方」とは、「どのような視点で物事を捉え、どのような考え方で思考していくのか」というその教科等ならではの物事を捉える視点や考え方のことを指します。「見方・考え方」は、各教科等で育成を目指す資質・能力を身に付ける過程において働かせるものであり、「見方・考え方」を働かせることを通して資質・能力が育まれ、それによって「見方・考え方」がさらに豊かになるという相互の関係にあると考えられています。体育科においては、運動領域において「体育の見方・考え方」を働かせ、保健領域において「保健の見方・考え方」を働かせて学習課題の解決に取り組むこととしています。

1 体育の見方・考え方を働かせた姿とは

　「体育の見方・考え方」とは、「運動やスポーツを、その価値や特性に着目して、楽しさや喜びとともに体力の向上に果たす役割の視点から捉え、自己の適性等に応じた『する・みる・支える・知る』の多様な関わり方と関連付けること」としています。これは、運動やスポーツが楽しさや喜びを味わうことや体力の向上につながっていることに着目するとともに、「すること」だけでなく「みること」「支えること」「知ること」など、自己の適性等に応じて、授業を通して運動やスポーツとの多様な関わり方について考えることを意図しています。

　そもそも、子供はそれまでの経験の中で、すでに運動に対する見方・考え方を形成していると捉えることを起点とすべきでしょう。「運動は楽しい」「運動には自信がある」「運動は体によい」など、運動に対する肯定的な見方をしている子供がいる一方、「運動はうまくなければ楽し

めない」「運動は疲れる」「運動は恥ずかしい」など、運動に対する否定的な見方をしている子供もいることが想定されます。そうした子供一人一人が抱いている運動についての見方・考え方に配慮し、肯定的な思いや願いはより発展的に、否定的な思いは体育の授業で改善を図っていくことが求められます。つまり、「体育の見方・考え方」を働かせることは、運動について肯定的な気持ちを育むことに他ならないのです。

　「体育の見方・考え方」が働いていると考えられる姿の代表的な例として、次の5つを示します。

(1)　運動を楽しんでいる姿

　運動の特性に触れ、その運動がもつ楽しさや喜びを味わい、楽しみながら運動に没入しているとき、「体育の見方・考え方」を働かせていると捉えることができます。運動の特性に応じた楽しさに触れ、仲間とともに運動を楽しんだり、何かを達成する喜びを味わったりすることは、子供の体育に対する肯定的な見方・考え方を育む上で、大変重要な経験です。運動が楽しくなかったり、運動する意味や価値を見いだせなかったり、もう運動をしたいと思わなかったりするときは、運動に対する否定的な見方・考え方が働いていると捉えることができます。そのため、体育の授業において、子供が運動に対して否定的な見方・考え方を働かせてしまうことがあれば、直ちに授業改善に着手しなければなりません。体育で育成を目指す資質・能力を育むためには、「楽しく運動する」ことが不可欠であり、運動が楽しくなければ「体育の見方・考え方」も肯定的に働かないと言っても過言ではありません。

(2)　体育学習に対する有能感を高めている姿

　できなかったことができるようになったときや、苦手だったことが苦手でなくなったときなど、子供が抱いている「運動に対する自信」が少しでも高まったことが実感できた際は、「体育の見方・考え方」を働かせていると捉えることができると考えます。「運動すると体が丈夫になる」「身体能力の向上は自分の成長に役立つ」など、運動での成功体験は子供が自らの学習成果を実感し、体育に対する肯定的な見方・考え方

を働かせる重要な機会です。そのため、授業においては、全ての子供に学習の成果として何らかの成長実感を味わえるようにすることが求められます。技能の向上は分かりやすい成長実感ですが、全ての子供が技能向上の実感を味わうことは難しいでしょう。特に、うまくできない子供にとっては、「運動はうまくできないと楽しくない」など、かえって体育についての否定的な見方・考え方を抱くきっかけになってしまうことが予想されます。そのため、授業においては、技能の習得だけに特化せず、「友達にアドバイスができた」「友達のよい動きに拍手ができた」「準備や片付けが手際よくできた」など、様々な「できる」の機会を保障し、技能以外の「できた」を適切に称賛・評価するなど、全ての子供が体育学習に関連した成長実感を味わえるよう工夫することが大切です。

(3) 仲間の運動を「みる」姿

　運動には「する」だけでなく、「みる」に焦点を当てた関わり方があります。仲間のよいところを認めたり、アドバイスをしたりしているとき、「体育の見方・考え方」が働いていると捉えることができます。運動が「できる」「できない」にかかわらず、仲間の動きや取組を「見る（観る）」楽しさや、仲間と共に「見合う」などの喜びを味わえる機会を保障し、子供が「体育の見方・考え方」を働かせる場面を意図的に設定します。「みる」楽しさや喜びは、運動やスポーツへの興味や関心を高めるだけでなく、自己の動きと比較・検討したり、自己の運動の行い方の参考にしたりするなど、運動やスポーツとの関わり方の視点を広げ、子供の豊かなスポーツライフの実現の基礎となるものと考えます。

(4) 仲間の運動を「支える」姿

　体育の学習においては、仲間と協力しながら課題を解決するなどの「協働的な学び」を重視していることは言うまでもありません。運動についての自己や仲間の課題を見付け、仲間と共にその解決に向けて試行錯誤をしながら取り組むなど、仲間と豊かに関わり合って学習を進めることは、体育学習の醍醐味とも言えるでしょう。その際、仲間の課題解決に協力したり、仲間の取組の手助けをしたりすることは、運動やスポ

ーツを「する」だけでなく、「支える」楽しさや喜びの視点を育むことにつながります。また、用具の準備や片付けを率先して行ったり、ゲームや競技会などの運営を進んでしたりすることも、仲間と楽しく運動するために自分ができることを見付け、「支える」立場での参加（参画）と言えます。さらに、頑張って運動に取り組んでいる仲間に声援を送って励ましたり、困っている仲間に手を差しのべて自分事のように援助しようとしたりすることも、「支える」視点であり、それらは全て「体育の見方・考え方」を働かせている姿であると捉えることができます。

⑸　運動の行い方や楽しみ方を「知る」姿

　体育の指導においては、「○○の行い方を知るとともに、○○ができるようにする」ことを目標の１つとしていることは言うまでもありません。取り組む運動に関する知識の獲得は、その運動についての技能の習得と両輪であると捉えることができます。運動を「する」こととその運動を「知る」ことは常に一体的であるため、各種の運動に取り組むことは、その運動の特性や行い方、こつやポイントなどを「知る」ための重要な機会となります。しかし、その運動が「できる」ことと「知る」ことは必ずしも一致しません。その運動をうまくできないが、行い方はよく分かったり、動きのこつやポイントを知識として獲得できたりする子供は少なからずいることが想定されます。つまり、「できる」ことよりも「分かる」ことが先行する子供や、最終的に「できる」を獲得できなくても「分かる」についてある程度または十分に習得できる子供がいるということを踏まえることが求められます。そうした子供は、技能面ではあまり目立たないために、指導者の目に留まりにくいことも考えられますが、仲間同士の見合いや教え合いなどでは、活躍の機会を多く設定できることを忘れてはなりません。運動の行い方や楽しみ方をよく理解している子供や、運動やスポーツの意味や価値に気付いている子供は、運動と豊かに関わり、「知る」楽しさや喜びを味わっており、「体育の見方・考え方」を活発に働かせていると捉えることができると考えます。

2 保健の見方・考え方を働かせた姿とは

「保健の見方・考え方」とは、疾病や傷害を防止するとともに、生活の質や生きがいを重視した健康に関する観点を踏まえ、「個人及び社会生活における課題や情報を、健康や安全に関する原則や概念に着目して捉え、疾病等のリスクの軽減や生活の質の向上、健康を支える環境づくりと関連付けること」とされています。これは、小学校、中学校、高等学校の体育・保健体育全てに共通しているものであるため、例えば「個人及び社会生活における課題や情報」というように最終段階の高等学校に合わせて示されています。したがって、小学校においては、「身近な生活における課題や情報」と捉えることが大切です。それらを、保健領域で学習する病気の予防やけがの手当の原則及び、健康で安全な生活についての概念等に着目して捉え、病気にかかったり、けがをしたりするリスクの軽減や心身の健康の保持増進と関連付けることを意図しているのです。

身近な生活においても、様々な健康情報や健康課題が存在しています。それらを保健領域で学習する原則や概念で捉えてみると、学習する前と比べて健康に関する見方が変わってきます。ここで言う「保健領域で学習する病気の予防やけがの手当の原則」とは、例えば、病原体が主な要因となって起こる病気の予防においては、病原体の発生源をなくしたり、うつる道筋を断ち切ったりして病原体が体に入るのを防ぐこと、体の抵抗力を高めておくことなどの原則を指します。また、けがの手当てにおいては、傷口を清潔にする、圧迫して出血を止める、患部を冷やすなどの原則が考えられます。一方、健康や安全な生活についての概念とは、例えば、病気の起こり方や病原体が主な要因となって起こる病気や生活習慣病など生活行動が主な要因となって起こる病気などの疾病概念などが考えられます。また、交通事故や身の回りの生活の危険が原因となって起こるけがの発生や防止を踏まえた安全についての概念が考えられます。小学校においては、それぞれの単元で学ぶ知識の重点や総体と考えると分かりやすいでしょう。

　それらを、「疾病等のリスクの軽減や生活の質の向上」つまり、病気にかかったり、けがをしたりするリスクの軽減や心身の健康の保持増進と関連付けるわけです。保健の見方・考え方はこの部分が肝となります。「病気にかかったり、けがをしたりするリスクの軽減」については主に「病気の予防」「けがの防止」の単元で、「心身の健康の保持増進」については主に「健康な生活」「体の発育・発達」「心の健康」の単元で扱う健康情報や健康課題を含めた内容と関連付けることになります。なお、「健康を支える環境づくり」と関連付けることについては、その内容がしっかり位置付いている高等学校で重点的に扱われることになりますが、小学校においても、「病気の予防」の内容に「地域では、保健に関わる様々な活動が行われていること」が位置付いており、この視点での見方・考え方を働かせることができます。

　それでは、「保健の見方・考え方」が働いていると考えられる姿の具体的な場面を考えてみましょう。「病気の予防」の病原体が主な要因となる病気の予防の学習では、感染症による健康課題について、インフルエンザなどを取り上げて学習します。身近な生活で感染症が課題として存在していることを把握した子供たちは、その解決方法を考えていきます。そこでは、インフルエンザの疾病概念や予防の原則などについて理解する活動が展開され、例えば、病原体の発生源をなくしたり、うつる道筋を断ち切ったりして病原体が体に入るのを防ぐこと、体の抵抗力を高めておくことなどの学びを踏まえて、課題解決の方法を考える活動が行われます。その際、教師は、インフルエンザという病気の特徴から、1つの予防方法では完全にこの病気を予防することは難しいことを投げかけます。そこで子供たちは、1つの予防方法では解決は難しいことに気付き、様々な予防方法を実施することがより解決につながるのだと考える、つまり「リスクの軽減」の考え方に気付き、そのことと関連して解決方法を考えることになるのです。このような学びの姿は「保健の見方・考え方」を働かせていると捉えることができます。

文責：高田 彬成／森 良一

3

運動領域の内容の変更による指導の在り方

　現行学習指導要領の運動領域については、従前、「技能」（「体つくり運動」は運動）「態度」「思考・判断」としていたものを、「知識及び技能」（「体つくり運動系」は「知識及び運動」）「思考力、判断力、表現力等」「学びに向かう力、人間性等」の３つの資質・能力に整理された内容になっています。従前までは「技能」が指導内容として単独で設定されていたため、技能の指導が学習の中心となっていた授業も散見されました。また、評価についても、「技能」の習得の程度を単独で評価していたため、体育科の評価全体に占める「技能」の指導と評価の比重が大きかったようにも思われます。これからの指導においては、「体育の見方・考え方」を働かせて、資質・能力の３つの柱をバランスよく育むことに留意することが求められます。その際、子供の発達の段階を踏まえて、小学校、中学校、高等学校を通じて系統性のある指導ができるように、指導内容の体系化を図ることを重視しています。しかし、このことは小学校の体育が、中学校や高等学校の保健体育で扱う運動の技能等の基礎を身に付けることを強く意図するものではありません。むしろ、小学校で体を動かす楽しい体験を多く積み重ねる中で、様々な動きや技能等に触れながら、思考力、判断力、表現力等を存分に働かせ、中学校以降でも運動との豊かな関わり方ができることを目指すものだと捉えられると考えます。

　生涯にわたる豊かなスポーツライフの実現に向けて、小学校から高等学校までの12年間の学びを通して、学習したことを実生活や実社会に生かし、運動の習慣化につなげ、豊かなスポーツライフを継続することができるようにすることを目指しています。そうした中、スポーツとの多様な関わり方を楽しむことができるようにする観点から、体力や技能の程度、年齢や性別及び障害の有無等にかかわらず、運動やスポーツの多

様な楽しみ方や関わり方を共有することができるよう、中学年から「共生」の内容が新たに加えられています。「共生」の視点は、「体育の見方・考え方」を働かせる際に大変重要です。運動が得意・苦手、好き・嫌い、よくする・しないなどにかかわらず、運動と豊かに関わることができるようにすることが、教科としての役割と言っても過言ではないと考えます。

1 体つくり運動系

　低学年については、新たに領域名が「体つくりの運動遊び」となりました。低学年の全ての領域名を「運動遊び」に統一することにより、低学年の授業における「遊び」の意識がより明確に示された形となっています。そのため、低学年の領域内容も「体ほぐしの運動遊び」と「多様な動きをつくる運動遊び」で構成されています。中学年については、領域名は「体つくり運動」、内容は「体ほぐしの運動」と「多様な動きをつくる運動」であり、従前と変更はありません。一方、高学年については、領域名は従前どおり「体つくり運動」ですが、内容は「体ほぐしの運動」と「体の動きを高める運動」となりました。これは、「体力を高める運動」として体力の向上を学習の中心課題のように捉えてしまった誤解を解消し、他領域では扱わない運動を含め、体の様々な動きを高めるための運動に取り組むことを明確に示した形となっています。なお、体つくり運動系については、全学年で必修となっているため、同じ運動ばかりを毎年繰り返すことのないよう、子供の発達の段階を踏まえて、計画的に動きや運動を取り上げていくことが求められます。

2 器械運動系

　低・中・高学年ともに、領域名と指導内容に大きな変更は行われていません。しかし、内容に変更がなくても、指導法の改善には余念なく取り組みたいところです。低学年においては、「○○を使った運動遊び」としているとおり、遊びの要素をふんだんに取り入れながら、その遊び

に没入する中で、各種の動きの獲得を図ったり、楽しい遊び方を工夫したりできるようにします。したがって、「前転を上手に行う」などの視点ではなく、「いろいろな前転がりをして遊ぶ」という発想が必要です。また、楽しい活動を手がかりにして、友達と協力したり、安全に気を付けたりするなどの態度を身に付けることを目指します。それらの態度の育成には、子供が「運動（遊び）を楽しく行うために」という必要感をもてるようにすることが大切です。

　一方、中・高学年においては、低学年での遊びの感覚を引き継ぎながら、できる技に繰り返し取り組んだり、もう少しでできそうな技に挑戦したりする活動を通して、領域の特性を味わうようにします。『小学校学習指導要領（平成29年告示）解説　体育編』では、各種の基本的な技や発展技、さらなる発展技の例示が掲載されていますが、全ての技に取り組む必要はなく、子供の実態や思い、願いなどに応じて、取り上げる技を選ぶようにします。子供にとって難しすぎず、易しすぎない最適な技の習得を目指す過程において、「思考力、判断力、表現力等」及び「学びに向かう力、人間性等」に関する指導をします。

３　陸上運動系

　低・中・高学年ともに、領域名と指導内容に大きな変更は行われていません。そうした中、子供の実態に応じて投の運動（遊び）を加えて指導することができるようになりました。投の運動（遊び）導入の背景としては、子供の投能力の低下傾向に歯止めがかからない状況の中、野球など物を投げる遊びをしていたころに比べ、日常生活で投動作の発生場面が少なくなったという指摘がされています。つまり、現代は外遊びなどで自然と投げる動作が育まれる時代ではないと考えられます。投動作の低下は、将来の運動種目の選択にも影響することが心配されます。投動作は腕だけでなく全身を使った運動であり、幼少期から取り組みたい動きの１つです。ボールを握る、投げる、捕ることで腕の動きや握力の向上も期待されます。ボールの正しい持ち方や投げ方を知らないという

未知の状態から始めたのであれば、投げ方を教わることで確実に記録を伸ばすことができ、子供の有能感を高めることが期待できます。また、走り高跳び・走り幅跳びのように数センチ・数十センチではなく、メートル単位で記録が伸びるため、子供のさらなる意欲の向上につながると考えられます。投の粗形態を獲得することにより、比較的易しい運動であるだけでなく、格好のよい動きが比較的容易にできるという点も長所として挙げられます。何度も繰り返すことで、学習の成果が得やすいことや、自分の間合いで恐怖心なく取り組むことができるのも利点と言えます。「友達と遠投距離などを競争して楽しむ」ことや「自己記録の更新を目指して練習や行い方を工夫する」ことなど、陸上運動系の特性に合致させつつ、授業を構成します。陸上運動系では、ボールコントロールよりも遠投能力に主眼を置くため、「力いっぱい」をキーワードにするとよいと考えます。

4 水泳運動系

　低学年については、領域名は「水遊び」として変更はありませんが、子供の活動や学習のねらいをより明確に示すため、内容名が「水の中を移動する運動遊び」と「もぐる・浮く運動遊び」となりました。水に触れる楽しさや心地よさを味わい、水の特性を踏まえて楽しい遊びを中心に活動を構成します。中・高学年については、新たに領域名が「水泳運動」となりました。これは、例えば陸上競技の基礎となる「陸上運動」、球技の基礎となる「ボール運動」と同様に、水泳の基礎的な内容を扱う趣旨を踏まえての「水泳運動」です。したがって、小学校では、「水泳」として泳法指導や記録の向上に偏ることなく、水と豊かに関わることを重視し、領域特有の楽しさや喜びを味わえるようにすることを目指します。中学年では、低学年と同様の趣旨から、内容名が「浮いて進む運動」と「もぐる・浮く運動」となりました。また、高学年の内容は、「クロール」「平泳ぎ」に加え、「安全確保につながる運動」が新設されました。これは、従前までも適宜行われていた着衣水泳のことのみを指すのでは

ありません。泳ぎが苦手な子供でも、水に浮く楽しさや心地よさを味わえるような機会を全ての学年で確保する意図があります。また、水難事故に遭遇した際にも、慌てず浮いて救助を待つことの大切さを、着衣水泳などの体験をもとに指導することも重要です。したがって、高学年においても、クロールや平泳ぎなどの泳法指導だけに特化せず、子供が水と豊かに関わることができるようにすることが求められます。

5 ボール運動系

　低・中・高学年ともに、領域名の変更は行われていません。そうした中、中学年の「ゴール型ゲーム」については、サッカーやバスケットボールのように味方チームと相手チームが入り交じって得点を取り合うゲームと、タグラグビーやフラッグフットボールのように陣地を取り合うゲームの両方を取り扱うことになりました。これは、中学年の時期により多くの運動の楽しさを味わうことができるようにすることをねらっているためであり、高学年のゴール型で扱う運動の選択肢が広がることへの期待も含まれています。高学年のゴール型はバスケットボール、サッカー、ハンドボール、タグラグビー、フラッグフットボール、ネット型はソフトバレーボール、ベースボール型はソフトボールが例示されていますが、バドミントンなど、例示にないその他の種目についても扱うことができます。2年間で3つの型をバランスよく扱うことに留意することが求められます。ただし、運動場の広さ等の観点から、学校の実態に応じてベースボール型は取り扱わないことができることになっています。

6 表現運動系

　低・中・高学年ともに、領域名と指導内容に大きな変更は行われていません。低学年では、領域名を「表現リズム遊び」とし、内容を「表現遊び」と「リズム遊び」で構成しています。「リズム遊び」については、簡単なフォークダンスを含めて指導することができます。中学年では、領域名を「表現運動」とし、内容を「表現」と「リズムダンス」で構成

しています。また、学校や地域の実態に応じてフォークダンスを加えて指導することができます。高学年では、領域名を「表現運動」とし、内容を「表現」と「フォークダンス」で構成しています。また、学校や地域の実態に応じてリズムダンスを加えて指導することができます。

7　6領域以外の指導

6領域以外の指導として、次の3点について示されています。

1点目は、オリンピック・パラリンピックに関する指導であり、オリパラ教育とも呼ばれています。オリパラ教育については、各運動領域の内容との関連を図り、ルールやマナーを遵守することやフェアなプレイを大切にすることなど、子供の発達の段階に応じて、運動を通してスポーツの意義や価値等に触れることができるようにすることを目指します。

2つ目は、集団行動です。これは、体育の学習を能率的に行うことに役立つだけでなく、災害時の避難行動などにも活用される学習です。以前は、号令に合わせたり、できるだけ列を揃えて行動したりできるようにしていましたが、集団行動の必要感を子供に伝えながら、各学年の各領域において適切に行い、体育の楽しさにつなげることを目指します。

3つ目は雪遊び、氷上遊び、スキー、スケート、水辺活動などの取扱いについてです。自然との関わりの深い活動については、学校や地域の実態に応じて積極的に行うことに留意することとしています。あえて「積極的に」としているのは、豊かなスポーツライフの実現を目指し、学校や地域の特色を存分に発揮してほしいという意図があります。水辺活動には、ヨットやカヌー、沢遊びなどのアウトドアスポーツが考えられます。これらの活動を学校の体育の時間として取り上げることにより、学校外での身体活動に対する子供の興味や関心を高めることにねらいがあります。ただし、これらの活動に多くの時間を充当すると、本来の6領域の学習が十分できないことがあるため、指導計画の作成において留意が必要です。

文責：高田 彬成

4

保健領域の内容の変更による
指導の在り方

1 保健領域の内容の変更

　保健領域は、生涯を通じて自らの健康を適切に管理し改善していく資質や能力を育成するため、小学校、中学校、高等学校を通じて系統性のある指導を行う内容構成となっています。今回の学習指導要領の改訂による内容の大きな変更は、これまで知識が中心だった内容に技能が位置付いたこと、各内容のまとまりに思考力、判断力、表現力等が位置付いたことです。具体的には、〔第3学年及び第4学年〕は、「健康な生活」及び「体の発育・発達」の知識と思考力、判断力、表現力等に関する内容、〔第5学年及び第6学年〕は、「心の健康」「けがの防止」の知識及び技能、「病気の予防」の知識と、それぞれの思考力、判断力、表現力等に関する内容で構成されています。5つの内容のまとまりにおいて、「知識」「思考力、判断力、表現力等」は共通していますが、「技能」に関する内容は「心の健康」「けがの防止」の2つになります。また、運動領域との関連を図る観点から、知識の内容にも変更があります。

　各内容のまとまりにおける学習指導要領の内容の変更のポイントは、以下のとおりです。

(1) 健康な生活

　本内容は、健康の状態は、主体の要因や周囲の環境の要因が関わっていること、健康に過ごすには、1日の生活の仕方が深く関わっていること、生活環境を整えることが必要であることなどの知識と健康な生活についての思考力、判断力、表現力等を中心として構成されています。今回、運動領域との関連を図ることが重視され、「毎日を健康に過ごすには、運動、食事、休養及び睡眠の調和のとれた生活を続けること」と、

これまで「食事、運動、休養及び睡眠」とされてきた内容が、「運動」をはじめに位置付けて示されています。

(2)　体の発育・発達

　本内容は、体は年齢に伴って変化すること、思春期になると体に変化が起こること、体をよりよく発育・発達させるには、適切な運動、食事、休養及び睡眠が必要であることなどの知識と体の発育・発達についての思考力、判断力、表現力等を中心として構成されています。(1)の内容と同様に、「体をよりよく発育・発達させるには、適切な運動、食事、休養及び睡眠が必要であること」と「運動」の示された位置が変更になっています。

(3)　心の健康

　本内容は、心はいろいろな生活経験を通して年齢に伴って発達すること、また、心と体は密接に関係していること、さらに、不安や悩みへの対処にはいろいろな方法があることなどの知識及び不安や悩みへの対処の技能と、心の健康についての思考力、判断力、表現力等を中心として構成されています。今回、「心の発達及び不安や悩みへの対処について理解するとともに、簡単な対処をすること」と知識の内容に加えて技能の内容が示されました。

(4)　けがの防止

　本内容は、交通事故や身の回りの生活の危険が原因となって起こるけがなどを取り上げ、けがの起こり方とその防止、さらには、けがの手当を速やかに行う必要があることなどの知識及び簡単なけがの手当の技能と、けがの防止についての思考力、判断力、表現力等を中心として構成されています。(3)の内容と同様に、「けがの防止について理解するとともに、けがなどの簡単な手当をすること」と技能の内容が示されています。

(5)　病気の予防

　本内容は、主として病原体が主な要因となって起こる病気（感染症）と生活行動が主な要因となって起こる病気（生活習慣病）の予防には、病原体を体の中に入れないことや病原体に対する体の抵抗力を高めること

及び望ましい生活習慣を身に付けることが必要であること、喫煙、飲酒、薬物乱用などの行為は健康を損なう原因となること、地域において保健に関わる様々な活動が行われていることなどの知識と、病気の予防についての思考力、判断力、表現力等を中心として構成されています。今回は「生活習慣病など生活行動が主な要因となって起こる病気の予防には、適切な運動、栄養の偏りのない食事をとること、口腔の衛生を保つことなど、望ましい生活習慣を身に付ける必要があること」と、「適切な運動」が重視され、新たに示されています。

2 保健領域の指導の在り方

　これまで、小学校、中学校、高等学校の保健は、子供が健康・安全に関する基礎的な知識を身に付けることを重視してきました。しかし、社会の変化に伴う現代的な健康課題の出現や、情報化社会の進展により様々な健康情報の入手が容易になるなど、環境が大きく変化してきました。そのため、子供たちが生涯にわたって正しい健康情報を選択したり、健康に関する課題を適切に解決したりすることができる、いわゆる健康に関する課題解決能力の育成が求められています。

　そのことを踏まえて、小学校の保健領域においては、「保健の見方・考え方」（P.18参照）を踏まえた「知識及び技能」「思考力、判断力、表現力等」「学びに向かう力、人間性等」の3つの資質・能力の育成を目指して授業を展開することが基本となります。つまり、健康に関する課題を解決する学習を取り入れ、知識を身に付ける指導に偏ることなく、保健の「知識及び技能」「思考力、判断力、表現力等」「学びに向かう力、人間性等」の資質・能力の3つの柱をバランスよく育むことができる学習過程を工夫し、指導を充実していきます。

　その際、単に保健の知識及び技能を身に付けるだけでなく、子供たちが、身近な生活における健康・安全に関する内容に関心をもち、健康に関する課題解決に役立つ知識及び技能を習得すること、そして、その知識及び技能を活用して積極的に健康課題を解決することができる力が身

に付くことを目指した指導の在り方を考えることが大切です。

3 保健領域の授業づくり

　それでは、具体的に保健領域の指導の在り方を踏まえた授業づくりについて考えていきましょう。そもそも健康に関する内容は子供にとって興味深いものです。保健に含まれている魅力ある内容を見極め、教材研究をすることで、子供たちが、保健は楽しく大切な授業だと感じてくれるようにしたいものです。

　学習指導要領には「保健の指導に当たっては、健康に関心をもてるようにし、健康に関する課題を解決する学習活動を取り入れるなどの指導方法の工夫を行うこと」が示されています。これは、保健の内容の魅力を子供に気付かせ、健康に関心をもてるようにするとともに、健康に関する課題を解決する学習活動を積極的に行うことにより、資質・能力の3つの柱をバランスよく育成していくことを示したものです。

　また、学習指導要領解説には、「身近な日常生活の体験や事例などを題材にした話合い、思考が深まる発問の工夫や思考を促す資料の提示、課題の解決的な活動や発表、ブレインストーミング、けがの手当などの実習、実験などを取り入れること」などが例示されています。これらを参考としつつ、次のことを踏まえて、保健領域の授業づくりを工夫することが大切です。

(1)　健康に関する課題を解決する学習活動について

　この学習活動については、「課題を発見する段階」「課題を解決する段階」「まとめの段階」の3つの段階から見ていきましょう。

①課題を発見する段階

　この段階では、課題発見と解決の方向性をイメージして指導に当たることが大切です。教師が子供たちに健康課題を示すこともありますが、子供たちが自ら健康課題を発見する活動を設定することもあります。その際には、その課題の解決に取り組んでみたいと思えるような課題との出会いができるようにします。例えば、この課題を解決すると今後の生

活のためになる、言い換えると、解決することで自分の生活が豊かになると思えるように出会いを工夫することがあります。また、課題の発見につながる資料を準備したり、前年の課題を複数示して選択させたりするなど、子供たちが自ら課題を発見するために役立つ情報を準備しておきます。課題を発見する際には、子供たちが興味・関心の高まる教材、例えば身近な生活と関連が深い教材や今まで知らなかった知的好奇心が高まる教材などを取り入れ、課題を発見する活動に組み込んで指導することも大切な視点です。

②課題を解決する段階

　この段階では、子供たちが教材との出会いや他者との対話を通して、自己の思考を広げたり深めたりし、そのことが課題の解決につながるように指導することが大切となります。さらに、子供たちが解決に向けて試行錯誤を重ねながら、思考を深め、よりよく解決するなどの学びが実現できるように工夫します。その際、子供たちが授業前に身に付けていた知識だけでなく、授業で新しく学んだ知識をあわせて活用し、課題の解決方法をこれまで以上に深く考えることができるようにするのです。また、それらを自己の生活と比べたり、関連付けたりする場を設定することでさらに深い学びにつなげることができます。子供たちの解決のプロセスを把握するために、なぜそう考えたのかといった理由を問う欄や自己の生活との関連について記述できる欄などを設けた学習カードを作成し、活用するとよいでしょう。

　また、課題の解決方法が広がったり、広がった複数の解決方法からよりよい方法を選択する根拠を得たりすることができるような学習活動の工夫が大切です。そのためには、課題解決の新たな視点やこれまでにない解決方法に気付けるような内容を示せるかが鍵となります。教科書で子供がまだ理解していない内容をチェックしたり、発展的な内容を確認したりしておくとよいでしょう。

　さらに、グループ活動などで、友達の考えた方法のよい点を発表させたり、グループでまとめる紙を用意し、個々の考えからグループ全体の

考えに発展させたりすることで学びは深まります。

③まとめの段階

この段階では、課題の発見から解決までのプロセスが、自己の健康にとって意味のあるものであったのかを確認し、そのことについて何らかの形で表現できるような指導をすることが大切です。

保健の時間は限られていることから、1時間完結で授業をすることが見受けられます。しかし、単元の終末に、内容全体の確認と課題解決のまとめを位置付けることで、各時間での学びが単元全体の学びにつながります。その際、保健の見方・考え方を働かせる視点をもつことが大切です。すなわち、保健で学んだことが、病気のリスクを減らしたり、生活の質を向上させたりすることと関連していることを押さえることで、学びの質が深まるのです。

(2) 保健領域の技能の指導について

保健領域で技能が位置付いているのは、「けがの防止」と「心の健康」の内容についてです。ここでは、「けがの防止」について具体的に説明します。この内容の中の「けがの手当」については、これまでも実習などを取り入れて指導されてきました。今回は、技能の指導が入りますので、この実習をしっかり授業に位置付けることが必要になります。しかし、実習で技能を習得すればよいわけではありません。知識と技能を一体的に指導することが重要です。例えば、鼻出血の手当は、ややうつむき加減になるよう頭を少し下げ、小鼻の上の方を強くつまみますが、技能自体が難しいわけではありません。頭を下げて、該当部分を圧迫する必要性（血液が喉に流れ込まないようにし、圧迫して止血するため）や手順（うつむいて、小鼻をつまむ）についての知識が伴って「できる」ようになります。このように、技能を伴う実習を位置付けるとともに、知識と技能を一体として指導することが大切です。

文責：森 良一

5

主体的・対話的で深い学びの視点からの授業改善を再考する

　学習指導要領改訂で示されている「主体的・対話的で深い学び」の実現というキーワードを、授業改善のための指導の目標と捉え、例えば「子供の主体的な学びを実現する授業を目指す」などの思い違いをしていないでしょうか。「主体的・対話的で深い学び」は授業改善を推進するための視点として示されているものであり、指導の目標ではありません。指導の目標は当然、各教科等で目指す資質・能力の育成です。体育科においても、単元など内容や時間のまとまりを見通しながら、主体的・対話的で深い学びの実現に向けた授業改善を日常的に行いつつ、「知識及び技能」「思考力、判断力、表現力等」「学びに向かう力、人間性等」の育成を目指していくことが求められています。

　日々の授業を改善し、子供が「分かる」「できる」「考える」「工夫する」「表現する」「関わり合う」「認め合う」「高め合う」など、様々な学びを実現できたのであれば、指導者としての充実感や達成感はさらに高まることでしょう。今以上の指導の高みを目指して、時間の許す限り教材研究や授業準備等に邁進したいところです。その際、何をどう工夫し準備したらよいかの具体的な視点として、「主体的・対話的で深い学びの授業改善を踏まえる」ことに着目すると捉えるとよいでしょう。

　「主体的・対話的で深い学び」は、「主体的な学び」「対話的な学び」「深い学び」とそれぞれ独立したものとして、切り離して捉えることを示しているわけではありません。これらの学びの過程を相互に関連付けながら、体育科で求められる資質・能力の育成を充実させることを目指します。また、これら3つの学びの過程は、順序性や階層性を示すものでないとしています。つまり、まず「主体的」があって、次に「対話的」がきて、最後に「深い学び」になることや、3つの学びが三段重ねで

「主体的」を土台に「対話的」が上にあり、さらに「深い学び」が頂点にあるなどの構造を示すものではないとしているわけです。

　体育の授業においても、例えば「主体的」でなかった子供が、仲間に促されて「対話的」を手がかりに意欲を高め、次第に「主体的」になることは珍しくありません。したがって、まずは「対話的な学び」の視点を中心とした授業改善から取り組んだとしても違和感はないと考えます。しかし、「深い学び」をどう捉えるかは別として、「主体的」でも「対話的」でもない子供やその集団に対して、いきなり「深い学び」の視点での授業改善に取り組もうとすることはいかがなものでしょうか。順序性を示していないとはいえ、「主体的」と「対話的」な視点を踏まえた授業改善が繰り返され、次第に「深い学び」の視点でさらなる授業改善に取り組むのが自然な流れであると考えます。

　前述のとおり、3つの学びは相互に関連しており、独立したものとして捉えるものではないところですが、授業改善の視点を明確にすることを意図し、以下にそれぞれ個別に示すこととします。

■1 「主体的な学び」の視点

　「主体的な学び」の実現に向けた授業改善の視点として、次の4点について整理したいと考えます。

　1点目は、子供の興味・関心を喚起できたかどうかの視点です。運動領域の学習は常に「楽しい」から始め、もっと楽しくすることを目指し、知識や技能を習得したり、活動を工夫したりします。思わずやってみたくなる場や用具、ルールなどをしかけたり、苦手な子供でも易しく取り組めそうな仕組みを用意したりすることで、子供の学習に対する興味や関心が高まり、より主体的に学習に取り組むことが予想されます。

　保健領域においては、導入で本時の学習課題に関係する発問をしたり、体験活動を取り入れたりするなどの興味喚起が考えられます。

　2点目は、学習の見通しを明示できたかどうかの視点です。単元全体や本時の学習の見通しを「見える化」し、次に何をすればよいかをはっ

きりさせると、子供はより主体的になると考えます。授業中に「先生、次は何をしたらいいですか?」と子供に問われたら、「さっき言ったよね?」と子供に返答する前に、活動の見える化ができてなかったことを内省したいところです。次回以降は同様の質問がないよう、模造紙に書いて貼っておくことや学習カードに活動の進め方を書いておくなどの改善を図ることで、子供の主体的な学びを促すことにつながります。

　3点目は、本時の課題とその課題の解決のための活動を一体的にできたかどうかの視点です。子供が「目標を達成するための課題は何か」に気付くとともに、「課題を解決するためにどんな活動をすればよいか」が分かれば、子供の主体性に拍車がかかるでしょう。そのためには、個々の課題を明確にするための課題の例を明示するとともに、それらの課題を解決するための活動の例を準備しておくことが大切です。何をしたらよいか分からずに立ち止まっている子供を見付けたら、自己の課題が明確でないのか、それとも課題は分かるが解決の活動が不明確なのかを見極め、前者には課題の明確化のための手立てが求められ、後者には課題に紐づく解決のための活動のさらなる明示が求められるなどの授業改善の視点が見えてくるものと考えられます。

　4点目は、本時の振り返りを重視したかどうかの視点です。運動領域では、何がうまくできて何がうまくいかなかったのか、本時の成果や課題を明確にすることは、次時への期待感や主体的な態度を高めるために欠かせません。したがって、毎時間の終末には、本時の活動を振り返り、子供を次時の「主体的な学び」へと導くことを目指します。「○○がうまくいったから、次の時間はもっと○○をしたい」や、「○○がうまくいかなかったから、次は方法を変えたい」などは肯定的な振り返りであり、「主体的な学び」に直結するものと思われます。しかし、「○○ができなかったから、もうやりたくない」という否定的な振り返りをする子供もいることが想定されます。その場合には、「やってみたからうまくできなかったことがはっきりしたんだね。それは学習の成果だね」など、思うようにいかなかったことや失敗したことなども学習の成果と捉え、

大いに褒めたり励ましたりすることで、子供の次回以降の「主体的な学び」を引き出すことに専心したいところです。振り返りの時間を十分に確保できなかったり、子供が本時のめあてに即した振り返りをせず「楽しかった」や「疲れた」などの感想のみで済ませたりするなど、振り返りをする意味を見いだせなかった場合には、授業マネジメントを見直すとともに、振り返りの視点を絞って明示するなどの授業改善の必要性が明らかとなります。保健領域においても、次時以降への「主体的な学び」を引き出すためには、本時のめあてに即した学びの成果や課題を整理するなど、ポイントを押さえて振り返ることが大切です。

2 「対話的な学び」の視点

「対話的な学び」の実現に向けた授業改善の視点として、次の３点について整理したいと考えます。

１点目は、子供が課題の解決に向けて思考し判断することを容易にしたかどうかの視点です。課題が難しいと思考は働きにくく、易しすぎても思考はあまり深まりません。子供にとって最適な課題が目の前にあるとき、最も思考が働き、仲間との対話も活発になると考えられます。したがって、子供同士の対話が少ないときは、本時の課題が適切かを見極める必要があります。課題を設定する際、子供が課題解決のために、どんな言葉が飛び交うことを目指すかを書き出すことを推奨します。目指す言葉を子供から引き出すための場やルール、活動を意図的に仕組むなど、指導の設計図を描くことが授業改善につながると考えます。運動領域では、思考・判断や対話のための語彙の源となる運動に関する知識を、学習資料として子供にいつ、どのタイミングで提示するかについても、吟味・検討することが大切です。

保健領域では、グループでの話合いで深めたい知識や多様な課題解決の方法を挙げておき、それらが生まれる発問や資料の提示するタイミングを吟味することが、さらなる授業改善につながるものと考えます。

２点目は、体育ならではの対話を引き出したかどうかの視点です。運

動領域においては、ある運動に没頭しているとき、運動や物、自己の身体などとの対話を繰り返していると捉えることができます。また、「ピタっと」「スッと」「ト、ト、トンと」のように、動きや様子などを表すオノマトペを多用したり、「動きながら伝える」「動きを通して伝える」など、体育の教科特性を生かしたコミュニケーションを重視したりすることも考えられます。そのためには、一人一人の課題を明確にし、思考・判断を容易にすることで、会話を出やすくすることが必要です。また、課題の解決を目指して子供が気軽に声をかけ合ったり相談し合ったりできるようにする雰囲気づくりも大切となります。さらに、運動の機会があればあるほど、他者に伝えたいことも増えることが考えられるため、運動量や運動機会の十分な確保にも留意することが求められます。

　保健領域においては、自分の健康と安全の確保を軸として、他人事をいかに自分事として捉えられるようにできるかを、授業改善の視点として見ることが考えられます。

　3点目は、対話を子供の新たな気付きや動機付けにつなげられたかどうかの視点です。友達からのアドバイスや友達との意見交換などをきっかけに、子供の思考が深まったり課題達成への意欲が高まったりすることがあります。仲間の意見を参考に違う方法を試してみたり、仲間の応援に力をもらって粘り強く取り組もうとしたりする姿が見られた場合には、その機を逃さず認め、評価することが大切です。子供相互の対話の活性化を図るために、見合いや教え合いのポイントを提示したり、グループで相談し合う観点を明確に示したりすることが求められます。励まし合いや褒め合い、チームとしての意識を高揚させる声のかけ合いなど、感性や情緒に関する対話により、運動する楽しさや意欲を高めることができれば、「対話的な学び」の活性化が効果的に働いていると言えるでしょう。対話を重ね、さらなる「主体的な学び」へとつなげましょう。

❸ 「深い学び」の視点

　「深い学び」の実現に向けた授業改善の視点として、次の2点につい

て整理したいと考えます。

　1点目は、易しい課題に終始せず試行錯誤を促したかどうかの視点です。子供が課題の解決に向けて試行錯誤を繰り返し、他者の力を得ながらも自らの力で課題を解決できるようにすることが大切です。そのためには、挑戦意欲や達成意欲を掻き立てるような課題を提示し、いろいろな方法を試しながら自分なりの行い方を見付けていく楽しさに気付くことができるようにすることが求められます。その際、発達の段階等を考慮し、飽きがこないよう留意しながら、粘り強く課題の解決を促すための指導に留意します。そのためには、単元計画を見通し、「教えること」と「子供に委ねること」を整理することが大切です。また、子供の気付きや発見等を重視し、学習を容易に流さないよう留意します。子供にとって必要感のある学びや活動であることが、深い学びにつながる原動力になるものと考えられます。このことは、子供が体育を学習する意味とも関連しており、「体育を学んでよかった」「保健の学習は自分にとって欠かせない」など、体育や保健に対する肯定的な見方・考え方をしているとき、「深い学び」の実現が図られていると捉えられます。一方、「こんなことをしても（学んでも）何の意味があるのか」など、子供の学習に対する否定的な見方・考え方を発見したならば、「深い学び」の実現とは正反対の状況であるため、直ちに授業改善が必要となります。

　2点目は、体育や保健の見方・考え方を働かせていたかどうかの視点です。運動領域においては、運動を楽しく行い、動きや技能が高まるとともに、体力の向上を実感できるような場面を設定します。運動についての子供相互の見合いや教え合い、新たな知識の獲得が、楽しさや喜びにつながります。そうした学びの過程において、自己の適性等に応じた運動やスポーツとの関わり方について考えることができるようにします。

　保健領域においては、健康課題を発見し解決していく場を設定します。その過程において、授業で学んだ知識を活用し、自己の生活と比べたり、関連付けたりすることで健康の考え方や大切さにつながるようにします。

文責：高田　彬成

6

体育における個別最適な学びと
協働的な学びとは

1 「令和の日本型学校教育」とは

　令和3年1月26日に中央教育審議会から出された「『令和の日本型学校教育』の構築を目指して〜全ての子供たちの可能性を引き出す、個別最適な学びと、協働的な学びの実現〜」と題する答申では、我が国の学校が、学習指導のみにとどまらず、生徒指導も含めた総合的な側面から子供たちの状況を教師が見取り指導したことで知・徳・体を一体的に育むことを可能にした「日本型学校教育」を展開してきたこと、そしてこのスタイルが諸外国から高い評価を得ていたことを指摘しました。また、コロナ禍が長期化する中で「学習機会と学力の保障」「全人的な発達・成長の保障」「身体的、精神的な健康の保障（安全・安心につながることができる居場所・セーフティネット）」としての学校の価値が再認識されてきた一方で、家庭教育と学校教育の境界線の曖昧化、子供の多様化、学習意欲の低下、ICT機器活用の遅れ、教師の働き方改革の必要性など、多くの課題も浮き彫りにされました（中央教育審議会、2021）。

　答申では、このように変化の激しいこれからの社会を生き抜き、支えていく子供たちがどのような資質や能力を身に付ければよいのかについて議論されたと同時に、明治期以来、これまでの我が国の学校教育の成果や課題を整理することを通して、2020年代を通じて実現すべき「令和の日本型学校教育」を構築・実現することの必要性を示しました。この「令和の日本型学校教育」における具体的な学びの姿として提示されたのが「個別最適な学び」と「協働的な学び」です。

2 「個別最適な学び」と「協働的な学び」とは

(1) 「個別最適な学び」

　では「個別最適な学び」とは、何を指しているのでしょうか。答申では、「『個に応じた指導』（指導の個別化と学習の個性化）を学習者の視点から整理した概念」を個別最適な学びであるとしています。「指導の個別化」とは、支援が必要な子供により重点的な指導を行うことや、子供の特性や学習進度等に応じて、その指導方法や教材などを柔軟に適用していくことを言い、「学習の個性化」は子供たちの興味・関心などに応じて学習活動や学習課題に取り組む機会を提供し、子供たちが自分の学びを「最適」と感じられるように学習指導を調整していくことだと言うことができます（中央教育審議会、2021）。

【指導の個別化】
●基礎的・基本的な知識・技能等を確実に習得させ、思考力・判断力・表現力等や、自ら学習を調整しながら粘り強く学習に取り組む態度等を育成するため、
・支援が必要な子供により重点的な指導を行うことなど効果的な指導を実現
・特性や学習進度等に応じ、指導方法・教材等の柔軟な提供・設定を行う
☞一定の目標を全ての子供が達成することを目指し、異なる方法等で学習を進める
【学習の個性化】
●基礎的・基本的な知識・技能等や情報活用能力等の学習の基盤となる資質・能力等を土台として、子供の興味・関心等に応じ、一人一人に応じた学習活動や学習課題に取り組む機会を提供することで、子供自身が学習を最適となるよう調整する
☞異なる目標に向けて、学習を深め、広げる

＊中央教育審議会（2021）をもとに作成

　この指導の個別化と学習の個性化を合わせたものが「個に応じた指導」であり、学習者の視点からこれらを捉えたものが「個別最適な学び」ということになります。

⑵ 「協働的な学び」

　前述のように、「個別最適な学び」によって子供たち個々の学びが充実することは望ましいことですが、それは子供たちの取組が「孤立した学び」になるということではありません。子供同士あるいは多様な他者と協働しながら望ましい資質・能力を獲得していくことが求められます。また、一人一人の子供のよさや可能性を出し合い活かすことで異なる考え方が組み合わさり、よりよい学びを生み出すことが期待されています（中央教育審議会、2021）。

【協働的な学び】
●「個別最適な学び」が「孤立した学び」に陥らないよう、探究的な学習や体験活動等を通じ、子供同士で、あるいは多様な他者と協働しながら、他者を価値ある存在として尊重し、様々な社会的な変化を乗り越え、持続可能な社会の創り手となることができるよう、必要な資質・能力を育成する「協働的な学び」を充実することも重要
●集団の中で個が埋没してしまうことのないよう、一人一人のよい点や可能性を生かすことで、異なる考え方が組み合わさり、よりよい学びを生み出す

＊中央教育審議会（2021）をもとに作成

　この背景には、これからの持続可能な社会を創り、支える人材としての子供たちには、リアルな体験を通じて学ぶことが重要であるとの認識があります。子供たちが同一学年やクラスの仲間はもちろん、異学年や保護者、地域の人材など、様々な他者と豊かに協働的に関わりながら展開される学習を保障することの重要性が増していると言えます。

⑶　学習指導要領との関係

　次ページの図１は、「個別最適な学び」「協働的な学び」と現行学習指導要領で示されている「主体的・対話的で深い学び」と「３つの資質・能力」の関係を示しています。「個別最適な学び」「協働的な学び」の一体的な充実を大切にしながら「主体的・対話的で深い学び」を視点とした授業改善を行うことで、結果として資質・能力の育成が実現されると

いうイメージになります。

図1　「個別最適な学び」と「協働的な学び」の一体的な充実（イメージ）

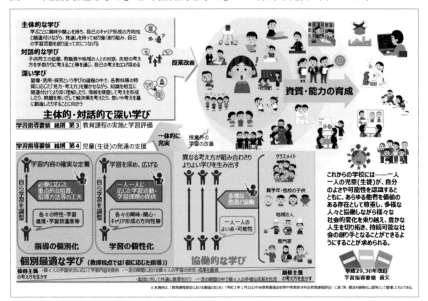

　そして「個別最適な学び」と「協働的な学び」の一体的な充実は、令和5年6月16日に閣議決定された「第4期教育振興基本計画」にも引き継がれ、令和5年度〜9年度の我が国の教育振興の基本方針に位置付けられています（文部科学省、2023）。

3　体育における個別最適な学びと協働的な学び

　では、体育授業で「個別最適な学び」「協働的な学び」を一体的に充実させるためには、何をどのようにしていけばよいのでしょうか。ここでは、跳び箱運動の開脚跳びを学習する場面を例に考えてみます。

　開脚跳びの授業を行う際、授業者は最初に、これから行う開脚跳びの動きを、自身で示範する、動画やイラスト等の資料を用いて示す等の方法で子供たちに示します。この時点で子供たちは「やったことがある！」「知らない技だな」「やってみたい！」等の反応を示すことでしょう。次に基礎的な感覚づくり・動きづくりを行い、安全を十分に確保した上で

この技に取り組みます。そして、「どのように助走をすればよいのか」「どのように踏み切ればよいのか」「どのあたりに着手すればよいのか」「安全な着地はどのようにすればよいか」等の問いかけをしながら、子供たちの学びの実感から技のポイントを引き出し、その達成に必要な要点を子供たちと共有します。これらについてはクラス全員が共通に行い方やポイントを学びますが、その後、子供たちは自身の動きを見合ったりICT端末で撮影したりしながら、自身の課題を見付け、その解決策を選んで練習に取り組むことになります。このとき、子供たちは自分が解決すべき課題に適した活動を選びますので、Aさんは踏み切り、Bさんは着手というように課題が個別化します。教師はそれぞれのポイントを習得するために、例えば踏み切りの位置が不安定な子供のために踏み切り板の上に踏み切り位置が分かる輪を置くでしょうし、着手の位置が分からない子供に対しては跳び箱の上にラインテープを貼って、着手の目標位置を明確にする手立てを取るでしょう。

　また多くの体育授業では、子供が独立して練習に取り組むのではなく、ペアやトリオ、同じ課題の仲間が互いに動きを見合いながらアドバイスし合う姿が見られると思います。あるいは運動実施者が「いくよ」と言い、見ている子供が「いいよ」と言ったら運動を行い、運動後はコメントを伝え合って交代するというような、関わり合いのある学び方を取り入れている授業もあります。

図2　跳び箱運動の切り返し系の基本的な技の例

（スポーツ庁「小学校体育（運動領域）指導の手引き～楽しく身に付く体育の授業～」をもとに作成）

図3　関わりながら学習を進める学び方

（文部科学省「学校体育実技指導資料第10集　器械運動指導の手引き」をもとに作成）

　ボールゲームの授業では、子供たちはチームのめあてとその中で自分が何をすべきかという個人のめあてをもち、それぞれの解決に向けて取り組みます。ハンドボールのゲームで言えば、「空いているスペースを見付けてシュートをする」というチームのめあての実現に向けて、Cさんは空いているスペースを見付けて走り込む、ゴール前のDさんはパスを受けてシュートするといったように、各自の役割によって課題が個別化していきます。ボールゲームは仲間がいなくてはゲームができませんから必然的に関わりが生まれることになりますし、応援や審判、得点係といった役割を果たすことで活動を支えるという関わりも生まれることになります。

　このように体育授業では、個人的な運動においても集団的な運動においても個々の子供がもつ課題はそれぞれの状況や役割によって個別化し、同時にその活動においては仲間の関わりが不可欠で、協働的に学習を進める場面が日常的に見られることが分かります。

4　より良質な体育授業を目指して

　こう考えると、体育授業においては、日常的に「個別最適な学び」と「協働的な学び」が行われていることになります。しかし、今後の課題

としては、教師が個々の子供の課題に対応した指導方法のレパートリーを有しているか、個々の課題に対応する学習の場を創ることができるか、といった授業力量を高めることが必要になります。より丁寧に子供の事実を見取って個々に対応した課題や解決のヒントを用意できるかどうか、子供たちが豊かに関わりながら学びを進めることのできるしかけをどう設えるか、それらを通してより良質な体育授業を実現できるかどうか、つまり、より良質で、子供にとって意味のある授業を実現できるかどうかが、これからの体育授業がもつ課題だと言うことができます。

文責：細越 淳二

【参考文献】
・文部科学省（2015）「学校体育実技指導資料第10集　器械運動指導の手引き」
・文部科学省（2021）「『令和の日本型学校教育』の構築を目指して〜全ての子供たちの可能性を引き出す、個別最適な学びと、協働的な学びの実現〜（答申）」
・文部科学省（2023）「第４期教育振興基本計画」
・スポーツ庁（2023）「小学校体育（運動領域）指導の手引き〜楽しく身に付く体育の授業〜」

第 **2** 章

体育における
評価の在り方は
どうあるべきか

1

体育における評価の課題とその改善

■1 はじめに

　学習指導要領の全体構造には、「新しい時代に必要となる資質・能力の育成と、学習評価の充実」と示されています。学習評価は、子供の資質・能力の育成に向けて充実させるものであることが分かります。この点について、小学校学習指導要領（平成29年告示）（本稿では、以下、「学習指導要領」）には、以下のように示されています。

> 　各教科等の目標の実現に向けた学習状況を把握する観点から、単元や題材など内容や時間のまとまりを見通しながら評価の場面や方法を工夫して、学習の過程や成果を評価し、指導の改善や学習意欲の向上を図り、資質・能力の育成に生かすようにすること。（P.23、傍点は筆者。以下同様）

　一方、小学校現場を訪問する中で、以下のような課題を感じることもあります。
- ・学習評価の方法をめぐる技術的な側面に力点が置かれている点
- ・内容や時間のまとまりを見通しながら評価の場面や方法を工夫することが疎かになっている点
- ・学びに向かう力、人間性等の評価の仕方についての理解が進んでいない点
- ・資質・能力の育成に生かされていない点、など

　そこで、本稿では上記の課題等を踏まえ、改めて学習評価についての基本的な考え方や改善の方向性について確認するとともに、運動領域、

保健領域の各領域において、資質・能力の３つの柱ごとに改善の方向性について示します。

2 学習評価についての基本的な考え方

「児童生徒の学習評価の在り方について（報告）―概要―」平成31年１月21日　中央教育審議会　初等中等教育分科会　教育課程部会には、学習評価の基本的な考え方について、以下のように示されています。

○　「学習指導」と「学習評価」は学校の教育活動の根幹であり、教育課程に基づいて組織的かつ計画的に教育活動の質の向上を図る「カリキュラム・マネジメント」の中核的な役割を担っている。
○　特に指導と評価の一体化を図るためには、（略）新学習指導要領で重視している「主体的・対話的で深い学び」の視点からの授業改善を通して各教科等における資質・能力を確実に育成する上で、学習評価は重要な役割を担っている。(P.29)

学習指導要領が全面実施となって４年目を迎える今（令和５年現在）、改めて学習評価の基本的な考え方について確認するとともに、今後も主体的・対話的で深い学びの視点からの授業改善を絶え間なく行い、子供の資質・能力を確実に育成していくことが求められます。

3 学習評価の基本的な枠組みと改善の方向性

学習指導要領においては、知・徳・体にわたる「生きる力」を子供に育むために「何のために学ぶのか」という各教科等を学ぶ意義を共有しながら、授業の創意工夫や教科書等の教材の改善を引き出していくことができるようにするため、全ての教科等の目標及び内容を「知識及び技能」「思考力、判断力、表現力等」「学びに向かう力、人間性等」の育成を目指す資質・能力の３つの柱で再整理しています。知・徳・体のバランスのとれた「生きる力」を育むことを目指すに当たっては、各教科等

の指導を通してどのような資質・能力の育成を目指すのかを明確にしながら教育活動の充実を図ること、その際には、子供の発達の段階や特性を踏まえ、資質・能力の３つの柱の育成がバランスよく実現できるよう留意する必要があります。そして、観点別学習状況の評価については、こうした教育目標や内容の再整理を踏まえて、小・中・高等学校の各教科を通じて、４観点から３観点に整理されています。以下に各項目の改善の方向性を示します。

（観点別学習状況評価（以下「観点別評価」）の改善について）

　今回の学習指導要領改訂では各教科等の目標や内容を「知識及び技能」「思考力、判断力、表現力等」「学びに向かう力、人間性等」の資質・能力の３つの柱で再整理したことを踏まえ、観点別評価についても、これらの資質・能力に関わる「知識・技能」「思考・判断・表現」「主体的に学習に取り組む態度」の３観点について、学習指導要領に示す目標に準拠した評価として３段階（ＡＢＣ）により実施します。

（「知識・技能」の評価について）

【運動領域】

　「知識・技能」では、子供が運動の楽しさや喜びを味わうことを通して、運動の行い方についての知識を習得したり動きを身に付けたりすることができているかについて、その学習状況を評価します。具体的には、主に子供の動きの習得の様子を観察によって見取る方法、学習カードに記入された内容から見取る方法、ICT端末を用いて動きを把握する方法などがあります。

　知識と技能それぞれの見取り方については、低学年段階では、課題となる動きが身に付いている子供は、その運動の行い方、特に動きのこつやポイントを理解しているものとして見取ることができます。それ以外の子供については、観察や学習カードの記述等にその気付きや理解が認められる場合は知識に関する理解が得られているものと捉えることとします。中学年以降は、技能については観察やICT端末を用いて見取るとともに、運動の行い方については話合いの場面や学習カードへの記入な

ど、その内容について「言ったり書いたり」する活動を通して、その習得状況を見取っていきます。

　なお、体つくり運動系の知識及び技能の指導と評価については、他の領域と異なる点があるので注意が必要です。中学年を例に取り上げますが、考え方は全学年共通です。

「体ほぐしの運動」

　体ほぐしの運動の指導内容は、「知識及び運動」「思考力、判断力、表現力等」「学びに向かう力、人間性等」としています。これは、体ほぐしの運動は、心と体との変化に気付いたり、みんなで関わり合ったりすることが主なねらいであり、特定の技能を示すものではないことから、各領域と同じ「知識及び技能」ではなく、「知識及び運動」としています。

　そのため、評価においても、技能に関する評価規準は設定しないこととしています。評価の観点の名称は、各領域と同じ「知識・技能」ですが、そこには、体ほぐしの運動の行い方を知っていることを評価する、知識に関する評価規準のみを設定します。

「多様な動きをつくる運動」

　多様な動きをつくる運動の指導内容は、「知識及び運動」「思考力、判断力、表現力等」「学びに向かう力、人間性等」としています。これは、多様な動きをつくる運動は、様々な基本的な体の動きを身に付け、動きの幅をさらに広げていくとともに、動きの質を高めることが主なねらいであり、特定の技能を示すものではないことから、各領域と同じ「知識及び技能」ではなく、「知識及び運動」としています。

　一方で、評価においては、各領域と同じく「知識・技能」の評価の観点に技能に関する評価規準を設定して、多様な動きをつくる運動で培う様々な基本的な体の動きができることを評価します。

【保健領域】

　保健領域の「知識」は、身近な生活における課題の解決に役立つ基礎的な事項であり、健康や安全に関する原則や概念です。そこでは、学習の過程を通した知識の習得状況について評価するとともに、他の学習や

生活場面でも活用できる程度に原則や概念を理解したかを評価します。

　保健領域の「技能」は、5年生「心の健康」「けがの防止」に位置付いており、「心の健康」では、「不安や悩みの対処として、体ほぐしの運動や深呼吸を取り入れた呼吸法などを行うことができるようにすること」。「けがの防止」では、「すり傷、鼻出血、やけどや打撲などを適宜取り上げ、実習を通して、傷口を清潔にする、圧迫して出血を止める、幹部を冷やすなどの自らできる簡単な手当ができるようにすること」が内容として位置付けられています。

　保健領域における「技能」は、健康な生活における基礎的・基本的な技能であり、実習を通して理解したことができているかを評価します。そのため、指導内容に「技能」が位置付いている単元の「知識・技能」の評価は、知識と技能を一体とするための評価規準を設ける必要があります。そこでは、知識及び技能を一体とするための実習を含む授業展開や評価に役立つ学習カード等を工夫することが求められます。

　保健領域では、領域の特性から「知識・技能」はほぼ毎時間、指導と評価の対象となります。指導したことを適切に評価するために、単元を通してどのように指導と評価を行うか工夫する必要があります。例えば、授業中だけでなく、授業後にワークシートや授業中の様子の録画などから評価することも考えられます。また、観察、学習カード、ペーパーテスト等多様な評価方法を組み合わせたりするなど評価計画を工夫することも考えられます。

(「思考・判断・表現」の評価について)

【運動領域】

　「思考・判断・表現」の評価では、各領域の特性を踏まえ、子供が自己の課題を見付けること、自己の課題に応じて練習の仕方などを選ぶこと、思考し判断したことを言葉や文章及び動作などで表したり友達や教師などに理由を添えて伝えたりすることを評価します。

　「思考・判断・表現」の「評価の観点及びその趣旨」では、「自己の運動の課題を見付け、その解決のための活動を工夫しているとともに、そ

れらを他者に伝えている」と示されています。

　教師は、子供が自己の課題を見付けて活動を工夫できるように、運動する場、補助的な運動や練習方法、作戦例の提示等を授業で取り上げる必要があります。また、自己の課題について思考し判断したことを学習カードに書くこと、友達と話し合うこと、発表することや身振りで表現することなど、友達や教師に伝える活動を授業に取り入れる必要があります。

　なお、「思考力、判断力、表現力等」は、「新たな情報と既存の知識を活用しながら課題を解決すること」などであることから、「知識・技能」を評価した後に「思考・判断・表現」を評価する計画が考えられます。

【保健領域】

　保健領域の「思考・判断・表現」は、健康や安全の身近な生活における課題を見付け、その解決に向けて取り組む学習過程において、自分や仲間が直面する課題を比較、分類、整理することや、複数の解決方法を試し、その妥当性を評価し、他者との対話を通して、よりよい解決策を見いだしている状況を評価します。また、思考し判断したことを、言葉や文章及び動作などで表したり、仲間や教師などに理由を添えて伝えたりしている状況を評価します。自己の考えだけではなく、仲間の考えたことを他者に伝えることで、他者の考えを取り入れるとともに自己の考えを深めることができるようにすることを意図しています。

　「思考・判断・表現」の評価では、単元の大きさにより評価規準の設定を「課題発見・表現」「課題解決・表現」のように評価段階を組み合わせるなどして、評価場面を精選することも考えられます。子供の思考の過程が見えるような学習カードの作成が必要です。例えば、学習したことと自分の生活のことを記入できる欄を設け、両者を比較して気付いたことや関連について記入できるようにしたり、事例を設定し学習したことを基にアドバイスを書けるようにしたりすることなどが考えられます。

（「主体的に学習に取り組む態度」の評価について）

【運動領域】

　「主体的に学習に取り組む態度」の評価では、それぞれの運動が有する特性や魅力に応じて、その楽しさや喜びを味わうとともに、公正に取り組む、互いに協力する、自己の役割を果たす、仲間の考えや取組を認める、安全に留意するなどの態度を授業の中で指導したことを評価します。

　「主体的に学習に取り組む態度」の育成として、子供がそれぞれの内容を理解して行動につなげることが、運動の楽しさや運動する喜びにつながり、そして豊かなスポーツライフを実現するために必要な資質・能力を育むことにつながります。

　教師は実際の授業の中で、子供が積極的に取り組むための手立てを考えたり、互いに認め合うための相互評価の場面を設定したり、安全に留意する場を指導したりするなど、具体的な場面を捉えて指導していきます。

【保健領域】

　「主体的に学習に取り組む態度」では、それぞれの学習場面において、知識を習得したり、思考力、判断力、表現力等を身に付けたりすることに向けた粘り強い取組を行おうとする側面を評価するとともに、その際に、教科書や資料などを見たり、自分の生活を振り返ったりすることを通し、自らの学習を調整しようとする側面も評価していく必要があります。その際、学習に進んで取り組むことができるような教材を工夫することや自己の学習状況を判断できる振り返りの場面を意図的・計画的に設定することで、子供の「主体的に学習に取り組む態度」の育成に重点を置いた指導と評価になります。

　「主体的に学習に取り組む態度」は単位時間における指導の重点化が図られている観点に対する取組状況によって評価するものと考えると、各単位時間で指導の重点化が図られている観点の評価との整合性に留意する必要があります。例えば「知識・技能」や「思考・判断・表現」が「十分満足できる」評価の生徒は、「主体的に学習に取り組む態度」が

「努力を要する」評価となることは想定しにくいところがあります。

　「主体的に学習に取り組む態度」は子供の学習状況に対応した指導を繰り返しながら育成することをねらっているため、単位時間や単元ごとの指導の積み重ねが保健領域としての態度につながると考えられます。「主体的に学習に取り組む態度」の評価を行うに当たり、教師と子供がゴールのイメージを共有し、教師が継続的な指導ができるようにすることが重要です。

4 学習評価の円滑な実施に向けた取組について

　学習評価の円滑な実施に向けては、「小学校、中学校、高等学校及び特別支援学校等における児童生徒の学習評価及び指導要録の改善等について（通知）」（平成31年３月29日）（以下、「改善等通知」）に以下のような取組が示されています。

---

(1)　教師の勤務負担軽減を図りながら学習評価の妥当性や信頼性が高められるよう、学校全体としての組織的かつ計画的な取組を行うこと

(2)　学習評価については、日々の授業の中で児童生徒の学習状況を適宜把握して指導の改善に生かすことに重点を置くことが重要であること

(3)　観点別学習状況の評価になじまず個人内評価の対象となるものについては、児童生徒が学習したことの意義や価値を実感できるよう、日々の教育活動等の中で児童生徒に伝えることが重要であること（P.5抜粋）

　なお、詳細については、改善等通知を参照してください。

文責：塩見 英樹／横嶋 剛

2

知識・技能をどう評価するか：
運動領域
（第5学年：ボール運動・ゴール型）

サッカー（9時間扱い）

①単元名：第5学年「シュートゾーンに走りこんでゴールをねらえ」

②単元の概要

　ゴール型の一番の特性や魅力は、シュートを決めるためにチームが一丸となって「どこに動いたらよいか状況を判断して動く」「相手をかわしたり、パスをつないだりする」「みんなが得点を決める」ことにあると考えます。そこで、一人一人がどのように動けばよいのかが分かり、ボールに触れる機会を保障することで、ゴール型ならではの楽しさや魅力を味わえるようにすることを大切にした授業例を以下に示します。

③指導と評価の計画

　指導と評価の計画としては、各時間のねらいと指導内容を明確にすることで、子供の学習状況を見取れるようにします。

　単元前半は、基本的な知識を得たり、基礎的な技能を身に付けたりする時間として、ボール保持者の技能や判断、ボールを持たないときの動きに関する内容を中心とします（知識・技能）。単元後半は、前半に学んだことを基に自分たちの課題を解決したり、作戦を考えたりすることとします（思考・判断・表現）。

　「知識・技能」の評価方法としては、授業時の子供の観察、子供の発言の聞き取り、学習カードの分析、ICT端末の活用などが考えられます。また、適切に子供を評価するためには、実際の活動の中で子供からよい動きが生まれたり、評価に値する言葉が発せられたりするような指導の工夫をすることが大切です。よって、ここでは指導の工夫と評価の方法を合わせて紹介します。

1 単元の評価規準

知識・技能	思考・判断・表現	主体的に学習に取り組む態度
①フリーゾーンサッカーの行い方について、言ったり書いたりしている。 ②ボールを持っているとき、空いている味方にパスを出すことができる。 ③相手がいない場所や得点しやすい場所に移動して、パスを受けたり、シュートをしたりすることができる。	①自己やチームの特徴に応じて作戦を選んだり、考えたりしている。 ②自分たちのチームの課題を解決するために自己や仲間の考えたことを他者に伝えている。	①ゲームに積極的に取り組もうとしている。 ②ルールやマナーを守り、仲間と助け合おうとしている。 ③場の設定や用具の片付けなどで、分担された役割を果たそうとしている。 ④ゲームの勝敗を受け入れようとしている。 ⑤仲間の考えや取組を認めようとしている。 ⑥場や用具の安全に気を配っている。

2 指導と評価の計画

時間		1	2	3	4	5	6	7	8	9
5 15 40		オリエンテーション	あいさつ							
			慣れの運動（鬼遊び／パス＆シュート／鳥かご） 学習課題の確認							
			タスクゲーム （ハーフコートゲーム）				作戦タイム、チーム練習			
			メインゲーム（フリーゾーンサッカー）リーグ戦							
			学習のまとめ　振り返り							
評価の重点	知		① (観・聞・カ)	② (観・ICT)		③ (観・ICT)				
	思							② (観・カ)	① (観・カ・ICT)	
	態	③ (観)	⑥ (観)		① (観)		② (観)		⑤ (観)	④ (観・カ)

※観…観察　聞…聞き取り　カ…学習カード　ICT…ICT

3 評価の実際

ア 規準① フリーゾーンサッカーの行い方について、言ったり書いたりしている。（第2時）

　知識については、次のような手順で見取るとよいでしょう。まず、教師の発問によって、「ボールを持っているときに、味方にパスをしやすくするにはどうしたらよいか」を子供に予想させます。タスクゲームを行った後に、再び教師の発問によって、ゲーム中に発見したことを子供に発言させ評価します。また、ここで子供との対話の中で「フリーゾーンを使って味方の攻撃参加の時間をつくるとパスがしやすいこと」をしっかりと理解できるようにします。そして、メインゲーム中に学んだ内容に関する発言をしているかどうかを聞き取ることで、知識の習得状況を見取るようにします。さらに、振り返り場面で、本時で学んだ知識に焦点化して発問したり、学習カードに記入したりすることで、子供の知識の定着度合いを把握できるようにします。

【振り返り場面の発問例】

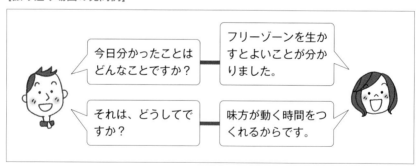

イ 規準② ボールを持っているとき、空いている味方にパスを出すことができる。（第3時）

　ボール操作の技能は次のようにして評価します。まず、空いている味方にパスしやすいように攻撃側の人数を増やし、守りの人数を制限したルールなどを設定します。また、攻撃側が動き出す時間やパスを出す時

間を確保するための「フリーゾーン」を設けます。このように、空いている味方にパスを出しやすい状況を作り出すことで「ボールを持っているとき、空いている味方にパスを出す」という動きを観察評価します。

【基本的なルール】
・4対4で攻めは4人、守りは2人。
・ゴールキーパーなし。
・シュートはシュートゾーンからうった場合のみを得点とする。
・フリーゾーンではボールをとられない。自由に動ける。
・ボールが出たら全てキックイン。
・グリッド線をまたぐドリブルはなし。

【学習の場】※グレーはフリーゾーン

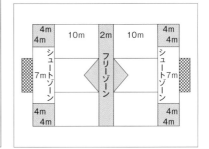

ウ　規準③　相手がいない場所や得点しやすい場所に移動して、パスを受けたり、シュートをしたりすることができる。(第5時)

　ボールを持たないときの動きは次のように評価するとよいでしょう。まず、相手がいない場所に動いてパスをもらうための「グリッド線」や、シュートをうつことができる「シュートゾーン」を設けることで、ボールを持たないときの動き方を視覚的に学ぶことができるようにします。こうすることで、実際に「相手がいない場所に動いてパスをもらう」「シュートゾーンに走り込んでシュートをする」という動きを見取ることができるようになります。また、ICT端末を活用してゲームの状況を子供が撮影し、授業後に教師が録画を見直して評価するという方法もあるでしょう。さらに、よい場面を切り取り、次の時間の始めの場面に映像を視聴することで、よい動きの評価と共有ができます。　**文責：吉岡　正憲**

シュートゾーンに走って。

シュートゾーン

グリッド線

今、相手がいないスペースに移動したよね。

知識・技能をどう評価するか：
保健領域（第5学年：けがの防止）

けがの防止（4時間扱い）

①単元名：第5学年「けがの防止」

②単元の概要

　危険の予測や回避について、校内や学区内など身近な場所をもとに考え、自分事として捉えられるようにしました。けがの手当については、実習を通して学習しました。また、ICT端末を活用して記録したり、表現したりするとともに、それらを自らの学習の振り返りに生かすことができるようにしました。

	ねらい	知	思	態
1	けがをした経験をもとに学習課題を設定し、学習計画を立てる。事例をもとに、けがや事故が起こる原因を考え、人の行動と周りの環境が関わって発生していることを理解する。	①	①	
2	学校でのけがを防止するには、どうしたらよいかを学校内の危険だと思う箇所についてけがを回避するための対策を考える活動を通して、周囲の危険に気付くこと、的確な判断の下に安全に行動すること、安全な環境を整えることが必要であることを理解する。	②		①
3	交通事故によるけがや犯罪被害を防止するにはどうしたらよいかを、学区内の写真を見て危険の予測をし、被害を回避するための行動や対策を考え、表現する。	③	②	
4	けがをしたときには、けがの種類や程度を判断し、自分で手当てをしたり近くの大人に知らせたりすることが大切であることを理解する。また、簡単な手当の方法を理解し、実習を通して簡単なけがの手当てができるようにする。	④		②

　「けがの防止」における「知識及び技能」については、けがの発生要因や防止の方法について理解できるようにすること、けがが発生したときには悪化を防ぐために速やかに手当を行うことや簡単なけがの手当をできるようにすることが示されています。本実践における「知識・技能」の評価は、観察や学習状況の記録などによる活動場面での理解の状況の評価、学習カードでの振り返りによる習得状況の評価を中心に行いました。

(1)　ICT端末の活用

　本実践では、ICT端末を活用し学習の状況を記録に残すとともに、学習カードを併用して学習の振り返りを行うようにしました。ICT端末で自らの学習の状況を見直し、友達との相互評価も取り入れながら、振り返りを行うことで、自己評価がより確かなものになったと感じます。

(2)　身近な生活の場をもとにした理解

　2時間目の学校内のけがの防止についての学習では、学校内のけがの現状を知った上で、学校内の危険だと思うところを各自が撮影し、危険を回避するための対策を考える活動を取り入れました。3時間目の交通事故によるけがや犯罪被害の防止の学習では、道路沿いの風景がパノラマ写真で提供されているインターネットサービスを活用し、自分たちの身近な地域の交通事故、犯罪被害が起こりそうな場所を調べ、危険を予測し、対策を考える活動を取り入れました。

　調べたことや考えたことを友達に伝え、交流することで、改めて、他の危険箇所への気付き、安全な行動の大切さや自分たちが環境を整えることへの必要性など、理解を深めることができました。また、授業後は子供同士で、危険な場面について声をかけ合う姿も見られました。

最も怪我しそうな場所の写真

危険の予測（どんな危険があるか）

　（ぶつかるとしたら）全く見えないからおもいっきりぶつかるかもしれない。

安全な行動（どう行動するとよいか）

右側通行をしてしっかり確認してからいけば、いいはず！

写真1

評価は、活動状況の教師の観察や子供の活動の記録、学習カードへの振り返りで、評価しました。具体的には、けがの防止のために「周囲の危険に気付くこと」「的確な判断の下に安全に行動すること」「安全な環境を整えることが必要であること」に関わる記述が子供の記録

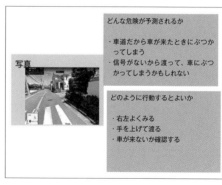

どんな危険が予測されるか

・車道だから車が来たときにぶつかってしまう
・信号がないから渡って、車にぶつかってしまうかもしれない

どのように行動するとよいか

・右左よくみる
・手を上げて渡る
・車が来ないか確認する

写真2

に含まれているのかを見取り、教師による活動の状況の観察に重きを置き、評価しました。けがの防止のためにどう考えたらよいのかが分からないでいる子供には、「どのような危険が予測」できるか、「どのように判断」し、「どのような行動」をとればよいかを記述できるよう支援しました。また、学習カードへの振り返りの評価では、「知識・技能」の習得状況に関する記述を評価しました。「学校でのけが（交通事故や犯罪での被害）を防ぐには、…」で始め、「危険」「行動」という言葉を使って分かったことや振り返りを書くようにし、具体を挙げての記述や自らの生活と関連付けた記述があるかを見取り、理解の状況を評価しました。

(3)　実習を通したけがの手当の理解、技能の習得

　4時間目の「けがの手当」の学習では、これまでの経験をもとに手当の仕方を出し合い、その後、養護教諭によるけがをしたときの行動、手当について話を聞きました。それらをもとに簡単な手当の実

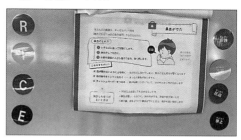

写真3

習を行いました。いくつかのモデル場面からカードを引き、その場面に合った手当の方法を行うようにしました。水場のある家庭科室で行ったことで、傷口を清潔にすることや患部を冷やすことなどの実習もできま

した。また、グループで活動することで、友達の手当を参考にしたり、よりよい手当の仕方について協働的に考えたりできるようにしました。実習の様子は、動画で撮影し、振り返りに生かすことができるようにしました。グループで撮影した実習の様子を確認することで、自己評価や相互評価を

写真4

行うことができました。鼻出血の実習を行った子供の動画を見て、「小鼻のところをしっかり押さえたほうがいいよ」や、やけどの実習では「水を流しっぱなしでしっかり冷やしたほうがいいよ」などと教え合う場面も見られました。教えてもらうだけでなく、助言をする子供にも知識の確認になり、知識と技能が往還的に深まる様子が見られました。

　評価は、実習の状況の教師の観察、学習カードへの振り返りで評価しました。具体的には、けがの種類に応じて、「傷口を清潔にする」「圧迫して止血する」「患部を冷やす」などの適切な手当ができているかを見取ります。悩んでいる子供には、グループに入り、共に資料を見ながら、行動や手当の仕方を考えるように声をかけるとともに、「けがの悪化を防ぐ」ために、どうしたらよいかを考えるよう促し、理解が深まるようにしました。学習カードへの振り返りの評価では、「水で洗い

写真5

流すなど傷口を（　　　）する」「痛みやはれのある場所を（　　　）する」「出血している場所を（　　　）する」という言葉に当てはめながら分かったことを書くようにするとともに、振り返りを書くようにしました。振り返りでは、「けがの悪化を防ぐために」どのような行動が大切かに関わる記述があるかを見取り、理解の状況を評価しました。

文責：柏原　奈保

4

思考・判断・表現をどう評価するか：運動領域（第3学年：マット運動）

1 運動領域における「思考・判断・表現」の評価

「思考・判断・表現」の評価は、各運動領域の知識及び技能を活用して課題を解決する等のために必要な思考力、判断力、表現力等を身に付けているかを評価するものです。

したがって、「知識・技能」を評価した後に、「思考・判断・表現」を評価する流れとなるので、単元における評価の計画は、例ア及び例イのようになります。

例ア　単元の前半は「知識・技能」、後半は「思考・判断・表現」の場合

時間	1	2	3	4	5	6	7	8
評価の重点	態度		知識・技能			思考・判断・表現		

例イ　単元の中で「知識・技能」「思考・判断・表現」が繰り返される場合

時間	1	2	3	4	5	6	7	8
評価の重点	態度	知技	思判表	態度	知技	思判表	知技	思判表

「思考・判断・表現」の主な評価内容は、「自己の運動の課題を見付け、その解決のための活動を工夫しているととともに、それらを他者に伝えている」になります。

具体的には、各領域の特性を踏まえ、子供が自己の課題を見付けること、自己の課題に応じて練習の仕方などを選ぶこと、思考し判断したことを言葉や文章及び動作などで表したり友達や教師などに理由を添えて伝えたりすることを評価します。

　思考力、判断力、表現力等は、「見付ける」「選ぶ」「伝える」の３つで整理されているため、キーワードとして捉えると、評価する内容も分かりやすくなります。

　「思考・判断・表現」の評価では、留意点が２つあります。１つは、教師ではなく、子供が「見付ける」「選ぶ」「伝える」ことのため、これらについて、子供の姿が現れるように授業を展開するようにします。もう１つは、思考し判断して、表現すること自体が目的にならないように、子供が、知識及び技能について思考・判断し、表現できるようにします。

(1)　具体的な評価方法

　具体的な評価の方法としては、学習カードによる記述の確認や、発表、グループでの話合いにおける観察などがあり、それらを集めたポートフォリオを活用することなども考えられます。

　つまり、自己の課題について思考し判断したことを学習カードに書くこと、友達と話し合うこと、発表することや身振りで表現することなど、友達や教師に伝える活動を授業に取り入れる必要があります。

(2)　評価計画の工夫

　「思考・判断・表現」の評価を観察で行う場合は、子供を評価するのに時間がかかるため、１時間で評価するのではなく、例ウのように同じ評価規準を２時間で評価をする計画にすることも考えられます。この場合は、１時間ずつ学級の半分の子供を評価するように計画したり、２時間のうち１時間目に評価できなかった子供を２時間目に評価するように計画したりするなどします。

例ウ　「思考・判断・表現」の観点を２時間のまとまりで評価する場合

時間	1	2	3	4	5	6	7	8
評価の重点	態度	知技	思判表		態度	知技	思判表	

※第２・３時、第７・８時は、同じ評価規準とします。

　また、子供の姿を観察する他の工夫としては、子供が話し合っている

場面をICT端末で動画を撮影して、授業後に子供の活動を確認するなども考えられます。

2 運動領域における「思考・判断・表現」の評価の具体事例「運動領域（第3学年／単元：マット運動）」

「思考・判断・表現」の評価について、具体的な授業の場面で考え、前述のキーワードである「見付ける」「選ぶ」「伝える」の視点について、それぞれの子供の姿の例を示します。

(1) 見付ける

自己の能力に適した課題を見付ける2つの例を紹介します。

ア 見付ける例①

「易しい開脚前転」の技技ができるようになるために、学習カードの連続図を使って、うまくできたところにシールを貼る。

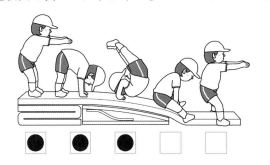

連続図の4つ目ができるようになるために、スピードをつけて回り、手を前に着けるようにしたいです。

イ 見付ける例②

「壁倒立」の技ができるようになるために、手の着く位置に手形の印を置いて、技のできばえを視覚的に確認する。

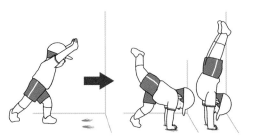

手を着けるようになったから、今度は左足を振り上げられるようにしたいです。

(2)　選ぶ

自己の能力に適した課題を解決するための活動を選ぶ例を紹介します。

ア　選ぶ例

「側方倒立回転」の技ができるようになるために、技のできばえを振り返り、練習の場を選ぶ。

手は着けるので、グループの友達に協力してもらい、「足を高く上げられるようにゴムひもを持ってもらう場」に取り組みます。

(3)　伝える

課題の解決のために考えたことを友達に伝える例を2つ紹介します。

ア　伝える例①

つまずいていた技の「後転」が上手にできた際に、見付けたポイントを言葉で伝える。

なるべく遠く後ろにお尻を着くように勢いを付けたらできるようになりました。

イ　伝える例②

「頭倒立」の技に取り組んでいる友達の手や頭の着く位置に目印を置いて、動きのできばえを友達に伝える。

技はできていましたか？

手と頭の位置が、目印の場所にあって、足がピーンとまっすぐに伸びていて、技ができていました。

文責：美越 英宣

思考・判断・表現をどう評価するか：保健領域（第3学年：健康な生活）

健康な生活（4時間扱い）

①単元名：第3学年「健康な生活」

②単元の概要

　自分の1日の生活を数日分、表にして記録します。それをもとに、1日の生活のリズムに合わせて運動、食事、休養及び睡眠をとることができているかどうか課題を見付け、その解決の方法を具体的に考えていく学習活動により、指導と評価の一体化の充実を図ります。

主な学習活動	知	思	態
1　○ある子の保健室の来室カード（生活の仕方に課題のある事例）から、元気がなくて体調も悪くなった原因を想像し、考えたことを発表し合う。 ○発表内容や教科書、資料を基に、健康な生活には生活の仕方と生活の環境が大きく影響することを理解する。 ○昨日の自分の1日の生活の仕方を学習カードに記入し、運動、食事、休養及び睡眠を適切にとれているかどうかを確かめる。 ※本時を含め、次時までの4日間分の生活の仕方を記録していくこととする。	①		
2 （本時）　○自分の4日分の生活の仕方を記録した学習カードの運動、食事、休養及び睡眠の部分を色分けして着色する。 ○自分の1日の生活の仕方について課題を見付け、学習カードに記入する。 ○1日の生活のリズムに合わせて運動、食事、休養及び睡眠をとる方法を考え、学習カードに記入したり、発表し合ったりする。 ○これまでの学習を振り返り、1日の生活のリズムに合わせて運動、食事、睡眠及び休養をとることが健康な生活につながることを改めて理解するとともに、自分の生活を見直して実践したいことを友達に伝える。	②	①	
3　○ある子の服装や手洗いなどの行動の様子（課題のある事例）を見て、課題を見付け、それに対する解決方法を考え、グループで交流する。 ○交流した内容を整理して、自分の生活と関連付けながら体の清潔を保つ生活の仕方を考え、学習カードに記入したり発表し合ったりする。	③	②	
4　○ある子が就寝時に布団でスマートフォンを見ている様子を見て、どんなアドバイスをしたらよいか考える。 ○教科書や資料から生活環境が健康の保持増進に関わっていることを調べ、適切な明るさの調節や換気などの生活環境を整えることが必要であることを理解する。 ○単元を通して改めて考えたことや、これから自分が健康に生活するためにどのようなことを心がけていくかなどについて、学習カードに記入する。	④		①

※「主体的に学習に取り組む態度」については、単元全体で評価していくため破線で示している。

本事例では、子供の身近な生活に基づきながら健康な生活についての課題を見付け、解決に向けた方法を考えていく学習活動を位置付けることによって指導と評価の一体化の充実を図り、「思考・判断・表現」の適切な評価の実現を目指します。

1 単元の目標

(1) 健康の状態は、主体の要因や周囲の環境の要因が関わっていること、健康の保持増進には、運動、食事、休養及び睡眠の調和のとれた生活を続けることや体の清潔を保つこと、明るさの調節、喚起などの生活環境を整えることについて、理解することができるようにする。

(2) 健康な生活について、課題を見付け、その解決に向けて考え、それを表現することができるようにする。

(3) 健康な生活について、健康の大切さに気付き、自己の健康の保持増進に進んで取り組むことができるようにする。

2 評価規準　※本時の評価規準は「思考・判断・表現」の①

知識・技能	思考・判断・表現	主体的に学習に取り組む態度
①健康の状態には、気持ちが意欲的であること、元気なこと、具合の悪いところがないことなどの心や体の調子がよい状態があることや、1日の生活の仕方などの主体の要因や身の回りの環境の要因が関わっていることについて、理解したことを言ったり書いたりしている。 ②健康の保持増進には、1日の生活の仕方が深く関わっており、1日の生活のリズムに合わせて、運動、食事、休養及び睡眠をとることについて、理解したことを言ったり書いたりしている。 ③健康の保持増進には、手や足などの清潔、ハンカチや衣服などの清潔を保つことが必要であることについて、理解したことを言ったり書いたりしている。 ④健康の保持増進には、生活環境が関わっており、部屋の明るさの調節や換気などの生活環境を整えるこが必要であることについて、理解したことを言ったり書いたりしている。	①健康な生活について、1日の生活の仕方などの主体の要因から、健康に関わる課題を見付けるとともに、1日の生活のリズムに合わせて運動、食事、睡眠及び休養をとる方法を考えている。 ②体の清潔などの学習したことと、自分の生活とを比べたり関連付けたりして考えた生活環境を整えるための方法を、学習カードに書いたり発表したりして友達に伝えている。	①健康な生活について、課題の解決に向けての話合いや発表などの学習や教科書や資料などを調べたり、自分が健康に生活するために現在の生活を見つめ直したりするなどの学習に生活する態度をとろうとしている。

3 健康な生活について課題を見付ける活動と評価

ア　実際の自分の生活の仕方を可視化（＝表を作成）する

前時（1／4時間目）に、子供が前日の自分の生活の仕方を思い出して、学習カードに記入します（図1）。

図1

その際、運動、食事、睡眠及び休養が適切にとれているかどうかを確かめ、次時までの数日分の生活の仕方を記録することとします。例えば、毎日登校後などに前日分を記入する時間を設けることも考えられます。

イ　数日分の生活を記録した学習カードの色塗りをする

本時の導入で、数日分の生活の仕方を記録した学習カードの運動、食事、睡眠及び休養の部分のみ、色分けして着色する活動を位置付けます。実はこの活動自体が、子供が1日の生活の仕方について課題を見付けることができるようにする手立てとなります（図2）。

図2

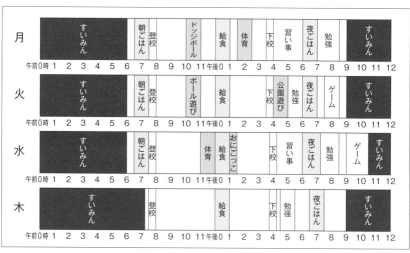

着色した数日分の運動、食事、睡眠及び休養のとり方を比較することで、「木曜日は運動をしていないな」「朝食をとれない日があるんだよ」「水曜日は習い事があって寝るのが遅くなるよ」など、子供は自分の1日の生活のリズムに合わせて運動、食事、睡眠及び休養がとれているか

どうかについて課題を見付けることができます。また、教師は学習カードや観察により評価する視点が明確になります。

4 課題の解決を目指して1日の生活の仕方を考える活動と評価

次に、見付けた課題の解決を目指し、改善の方法を具体的に考えて学習カードに記入し、グループで交流する活動を位置付けます。その際、あえて考えた結果だけを伝え合うこととし、「睡眠時刻を揃えるには？」「運動が不足する日にできることは？」など、友達がどんな見方・考え方を働かせて工夫しているのかを推察し合えるようにすることで、自分の生活の仕方にも生かせる視点への気付きを促し、自らの考えをさらに広げ深めることができるようになります。

また、評価規準に達していない子供には、1日の生活の仕方に合わせて運動、食事、睡眠及び休養をとることについての知識をかみ砕いて伝えるなどにより、自分の生活の仕方と関連付けられるように支援します。「習い事をやめる」「ゲームは一切しないようにする」など、現実的ではない方法を考えている子供がいる場合は、自分の生活の仕方に基づいた実現可能な方法を工夫できるよう促すことに留意します。

【課題を解決する具体的な方法の例】

・木曜日の休み時間にドッジボールなどで遊ぶようにする。

・運動しない日は、お手伝いで掃除をして体を動かす。

・木曜日の朝、いつもと同じ時刻に起きて朝食を食べられるように、
　水曜日の夜にしているゲームを、他の曜日にするようにする。

子供が身近な生活の中から課題を見付け、解決の方法を具体的に考え自己決定していく学習活動と評価は、学習の個性化が図られ、子供にとって1日の生活の仕方を考える文脈が明確になり、子供が自己の生活を見直すことを通して、健康によい1日の生活の仕方について実践する意欲をもつことにもつながっていくものと考えます。　　　　**文責：岩田 悟**

6

主体的に学習に取り組む態度をどう評価するか：運動領域（第2学年：体つくりの運動遊び）

体つくりの運動遊び（7時間扱い）

①単元名：第2学年「わくわくパークへようこそ！」

②単元の概要

　本事例は、第2学年の体つくりの運動遊びの年間計画全18時間のうち、7時間目から13時間目に当たる7時間の内容を取り上げています。「わくわくパークへようこそ！」と題して、わくわくする多様な運動遊びを楽しむ中で、きまりを守ったり友達と仲よくしたりすることの大切さに気付き、行動へと結び付けていくことができるようにすることをねらいとした事例です。

		1	2	3	4	5	6	7
学習の流れ		【オリエンテーション】・学習のねらい、学習の進め方を知る	あいさつ、準備運動、本時のねらいの確認					
	5		【体ほぐしの運動遊び】○みんなのきまりを確認する○集団による伝承遊び・だるまさんがころんだ・なべなべ底ぬけ	【多様な動きをつくる運動遊び】○みんなのきまりを確認する○体を移動する運動遊び・サーキットを進もう・けんけんぱリレー	【多様な動きをつくる運動遊び】○みんなで仲よく活動するためにはどうしたらよいか話し合う・「みんなかなよし」を確認する	【多様な動きをつくる運動遊び】○「みんなかなよし」を確認する○これまでに行った運動遊びの中から、もっとやってみたい運動遊びを選んでやってみる		【体ほぐしの運動遊び・多様な動きをつくる運動遊び】○やってみたい運動遊びを選び、選んだ場所で、人数や用具など、条件を工夫しながら、いろいろな運動遊びにチャレンジする
	15	【体ほぐしの運動遊び】○リズムに乗って、心が弾むような動作で運動遊びを楽しむ。・じゃんけん列車・まねっこ遊び	○体のバランスをとる運動遊び・いろいろな回転遊び	○用具を操作する運動遊び・ボールや輪の投げ上げ・ボール運びリレー	○用具を操作する遊び・棒は倒さんぞ！・ひらりかわし・ショートトラックの勇者	・体のバランスをとる運動遊び・用具を操作する運動遊び・力試しの運動遊び・体を移動する運動遊び○同じグループの友達といっしょに、行い方を工夫する○友達の動きのよいところを見付け、よい点を伝える○友達と互いに見合う活動を行い、自分がこれまでにやったことのない動きを知り、チャレンジする○条件を変えながら、もっとみんなが楽しくなる運動遊びを工夫してやってみる		・グループの友達のよい動きを見付け、紹介し合う○さらにやってみたい運動遊びを見付け、グループの友達といっしょにやってみる
	25		【多様な動きをつくる運動遊び】○体のバランスをとる運動遊び・バランス崩し	・長なわくぐり・長なわ跳び				
	35	【多様な動きをつくる運動遊び】○体を移動する運動遊び・手つなぎ鬼	【力試しの運動遊び】・いろいろなすもう	○条件を変えながら、みんなが楽しい運動遊びを工夫してやってみる	○条件を変えながら、もっとみんなが楽しくなる運動遊びを工夫してやってみる	○振り返り・友達の動きのよさについて、見付けたことを発表する・学習カードに記入する		○振り返り・単元全体を振り返る
	45	・振り返り○「みんなのきまり」を知る	・おんぶで遊ぼう○振り返り	○振り返り	○振り返り			
評価	知・技		○（技能）			○（知識・技能）		○（技能）
	思・判・表			○（選択）			○（表現）	
	主体的に学習に取り組む態度	○（公正）			○（協力）			

「主体的に学習に取り組む態度」の評価を考える際に大切にしたいのは、何を指導し、どのような子供の姿に育てていきたいのか、具体的なゴールの姿をイメージすることです。低学年の時期から、動いて、気付いて、やってみる中で、「協力」など互いのよさを生かして協働する力や、「公正」といった持続可能な社会づくりに向けた態度を育むことを大切にしていきます。中でも低学年では、具体的な事例を通して、「なぜ大切かに気付ける」、そして「行動しようとする」ことに結び付けていけるような授業を考えることが大切です。そして「教えたことを評価する」を大前提に、指導した結果、どのような子供の姿が実現されているか、その状況を見取っていきます。

1 「なぜ大切か」に気付けるようにすること

本事例では、単元計画全7時間の中に、「きまりを守る（公正）」こと、「みんなで仲よくする（協力）」ことの2つの内容を位置付けています。

1時間目の後半に、「手つなぎ鬼」を行い、活動を振り返る時間を設けます。振り返りの際、嫌だったこと、困ったことを出し合わせる中で、みんなが気持ちよく、安心して活動するためには、「順番を守ること」「みんなで決めたことを守ること」が大切であることを確認します。また、用具だけでなく時間など、「みんなのものを大事にする」ことも取り上げ、これら3つを「みんなのきまり」として、きまりを守りながら活動していくことを確認します（図1）。

図1　指導内容及び子供に提示する行動の仕方「みんなのきまり」

〈1時間目の指導内容（公正）〉 好き嫌いにとらわれることなく、よりよい関係を形成しようとする態度を養うことを大切にします。 みんなが気持ちよく活動するためには、「きまりや約束を守ること」が大切であると実感できるようにしていきます。	☆みんなのきまり☆ ☆じゅんばんをまもる ☆みんなできめたことをまもる ☆みんなのものを大切にする

2時間目、3時間目には、運動遊びを行う際に、「みんなのきまり」が守れているか、確認し合うようにし、活動の様子について振り返ったことを学習カードに記入していきます。

4時間目の初めには、「みんなのやくそく」として、「誰にでも声をか

ける」「みんなで仲よくする」「進んで取り組む」の３つの約束を示します（図2）。活動の中で、友達のよい動きや行動などを見付けたときには、進んで声をかけ合うとよいことも伝えるようにし、「いつ、何をどのように取り組むとよいのか」を具体的に示すようにします。

図2　指導内容及び子供に提示する行動の仕方「みんななかよく」

〈4時間目の指導内容（協力）〉 集団の中で、仲よく活動するための学習の仕方を知り、 活動の中で行動できるようになることを大切にします。 みんなが一緒に活動して楽しかったことや助け合って よかったことが実感できるようにしていきます。	♡みんななかよく♡ ♡だれにでもこえをかける ♡だれとでもなかよくする ♡すすんでとりくむ

　4時間目から扱う運動遊びは、グループを中心とした集団での活動とし、互いに協力することの大切さに「気付ける」、そして「行動しようとする」につなげていきます。

2　どのように評価するか

　1時間目に「公正」、4時間目に「協力」に関して提示した具体的な行動の仕方について、運動遊びの中で子供たちが、実際にどのように行動しようとしているか、どれだけ身に付いているか、実現状況を評価します。評価可能な授業づくりの観点から、子供に示す内容と連動させています。評価の評価機会は4時間目、評価方法は行動観察により評価します。

図3　指導内容と想定される子供たちの具体的な言葉や行動例

	指導内容	学びの姿 （概ね満足の姿）	行動観察による具体的な 言葉や行動
きまりを 守ること （公正）	具体的な行動の仕方 『みんなのきまり』 ・順番を守る ・決めたことを守る ・みんなのものを大切に 　する	運動遊びをする際 に、順番やきまり を守ろうとしてい る	・決められた順番を抜か 　すことなく動いている ・「順番を守らないと」 　といった「みんなのき 　まり」を意識した発言 　や行動が見られる
仲よく すること （協力）	具体的な行動の仕方 『みんななかよく』 ・誰にでも声をかける ・みんなで仲よくする ・進んで取り組む	誰とでも仲よくし ようとしている	・友達のよい動きを見付 　け、声をかけている ・仲がよいだけでなく、 　いろいろな友達に対し 　て、自分が気付いたこ 　とや思ったことを伝え 　ている

行動観察する際の拠りどころとなるよう、具体的な言葉や行動を想定しておき（図3）、実際の子供の姿を見取っていきます。気になる子供には、目指す学びの姿に向かっていけるよう、言葉がけをしていきます。「みんなが気持ちよく動けるようにするために、どんなきまりがあった？」「みんなが仲よくできるために、どんなことに気を付けたらいい？」といった言葉がけをします。具体的な行動の仕方を意識し、よりよい行動へと変わっていけるように指導します。

こうした子供への働きかけはメモに残します（図4）。メモには支援を必要とした子供の様子を箇条書きで残します。行動の変容が見られた場合は、「▲」と取り消し線を入れておきます。十分満足できる子供の様子についても記録しておきます。全ての子供の詳細を記録しようとすると、記録に追われてしまうため、メモに残す内容は絞っておくようにします。

図4　メモの例

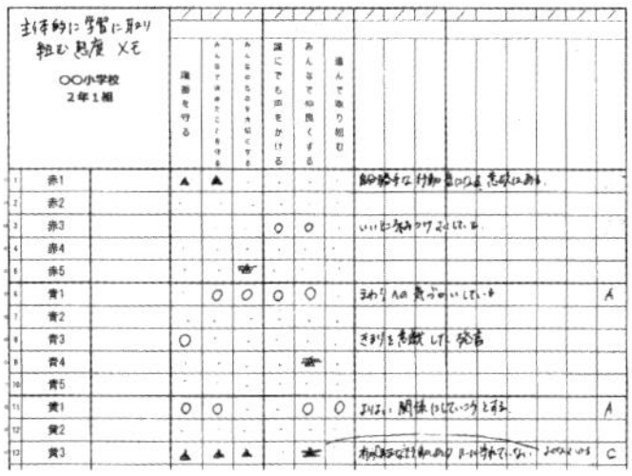

低学年では、自己の学習状況を客観的に捉えることが未分化な段階であるため、「主体的に学習に取り組む態度」の評価は、教師による行動観察を主として行いますが、学習状況について振り返る力を育むために、学習カードを活用します。自己の学びの状況について振り返り、チェック項目に○を付けたり、ひと言振り返りを記述したりできるような構成にします。

図5　学習カード「協力」

図6　学習カード「きまり」

こうした低学年からの積み重ねが、子供たちの今後の豊かな学びにつながっていくものと考えます。

文責：清田 美紀

7 主体的に学習に取り組む態度を どう評価するか：保健領域 （第6学年：病気の予防）

病気の予防（8時間扱い）

①単元名：第6学年「病気の予防」

②単元の概要

　病気の予防について主体的に学習に取り組める授業づくりを考えるとともに、子供がそれらに具体的に取り組む姿から「主体的に学習に取り組む態度」を評価するように考えた事例です。「主体的に学習に取り組む態度」の育成には時間がかかる点に留意し、重点的に評価を行う第8時だけでなく、単元全体の指導と評価について説明しました。

③指導と評価の計画（評価方法は「主体的に学習に取り組む態度」を記載）

	学習内容	評価方法（態度）
1	病気の起こり方	（観察）
2	病原体が主な要因となって起こる病気の予防	（観察）
3	生活行動が主な要因となって起こる病気の予防（生活習慣病）	（観察）
4	生活行動が主な要因となって起こる病気の予防（むし歯や歯ぐきの病気）	（観察）
5	喫煙と健康	（観察）
6	飲酒と健康	（観察）
7	薬物乱用と健康	（観察）
8	地域の様々な保健活動の取組	観察・学習カード

※第1～7時は観察による評価は実施するが、第8時に重点的に評価を行う。

1 保健領域における「主体的に学習に取り組む態度」の評価とは

　主体的に学習に取り組んでいる子供の具体的な姿とは、どのような姿が考えられるでしょうか。例えば、「進んで調べようとしている姿」「自分の生活を振り返ろうとしている姿」「話合いや発表などに取り組もうとしている姿」「学習カードに自分の考えをまとめようとしている姿」などがあるでしょう。このような姿を見取って評価するためには、子供が主体的に学習に取り組めるような授業づくりをすることが大切です。ただ単に、教科書を読み進め、ワークシートに用語の穴埋めをするだけの授業では、このような姿は見られません。子供自ら取り組みたいと思えるような課題や学習活動の設定をすることが必要です。

2 「主体的に学習に取り組む態度」の評価規準と評価方法・評価時期

　単元の目標を達成している子供の具体的な姿を、単元の評価規準として設定します。本単元では、「病気の予防について、課題の解決に向けての話合いや発表などの学習や、教科書や資料などで調べたり自分の生活を振り返ったりするなどの学習に進んで取り組もうとしている」としました。この姿を「おおむね満足できる姿」と捉えることとしました。

　さらに、より高まった姿としての「十分満足できる姿」も設定しておくと、評価の判断がしやすくなります。本単元では、「教師からの働きかけがなくても」という視点を加えた評価規準を設定しました。

　評価方法は、主に観察によるものです。場合によっては学習カードへの記述や考えの修正箇所から見取ることができます。

　評価時期としては、「主体的に学習に取り組む態度」の育成には時間がかかる点に留意し、単元全体で評価していくことになります。その際、単元を通して「努力を要する」状況にある子供への支援を行い、単元のまとめとなる第8時に重点的に評価を行いましょう。

　第1時から第4時までと第5時から第8時までを2つの学期に分けて指導する学校もあると思います。その場合は、第4時と第8時に重点的

に評価を行うとよいでしょう。

3 評価場面の実際

■第1時～第4時

第1、2時では、日常経験しているかぜ、インフルエンザやここ数年で身近な病気となった新型コロナウイルス感染症を適宜取り上げ、病気の起こり方を調べ、予防や回復について考える学習活動を展開します。

第3、4時では、生活習慣病、むし歯や歯ぐきの病気を取り上げます。生活習慣が主な要因となって起こる病気があることを理解し、その予防について調べたり、話し合ったりして健康によい生活習慣について考える活動を展開します。

写真1

自分の生活習慣から課題を見付け、その解決方法を考える際に「自分の生活を振り返ろうとしている姿」や「話合いに取り組もうとしている姿」といった自己調整している姿を観察で見取っていきます。

■第5時～第7時

喫煙、飲酒、薬物乱用などの行為は、健康を損なう原因となることを理解できるように、害や体への影響について調べて話し合い、発表する学習活動を展開します。その際、未成年の喫煙や飲酒は法律によって禁止されていること、薬物乱用は法律で厳しく規制されていることの理由についても触れて発表できるように促します。

単元を進めていく中で、「①調べられない」「②自分の生活を振り返ることができない」「③話合いや発表に取り組めない」「④学習カードに考えをまとめられない」などの「努力を要する」状況にある子供が見られた場合には、「①資料を具体的に示す」「②新たな発問を加える」「③話合いで意見を交流できるよう、発言を順番制にする」「④知識の内容を確認したり、参考例や友達の考えを紹介したりする」等の支援をしましょう。

■第8時

　人々の病気を予防するために、地域のどのような施設でどのような活動が行われているのかを調べて話し合う活動を展開します。ICT端末を活用して市区町村の広報誌、保健所や保健センターのホームページを閲覧できるようにし、進んで調べることができるようにします。

　また、第7時の終わりに、次の第8時では地域の保健活動について学習することを予告しておくと、家庭に配布された市区町村の広報誌や健康に関する書籍・新聞記事などを持参する子供が現れます。このような姿は、教師からの直接的な働きかけがなくても「新しい資料を見付けたり、さらに知ろうと調べたりしている姿」であり、「十分満足できる姿」と評価することができます。

　単元最後の第8時の評価を単元全体の総括的な評価とします。そこで、第8時の終わりに、病気を予防するために、自分の生活を振り返り、これからの生活習慣についての具体的な改善策を学習カードへ記述する活動を展開します。「学習

写真2

カードに自分の考えをまとめようとしている姿」を観察で見取っていきますが、学習カードの記述や変容から見取ることもできるでしょう。その際、知識が身に付いているか、思考・判断したことが改善策や根拠として表現されているかなど、知識の習得や、思考力、判断力、表現力等の育成を評価するとともに、単元を通して子供の考えがどのように変容したり、修正されたりしてきたのかを総括的に評価していくことが求められます。そのためには、単元はじめの第1時に「あなたは、病気を予防するためにどのような生活をしていますか？」と発問し、学習カードへ記述を残しておくこともよいでしょう。第8時に「あなたは、病気を予防するためにどのような生活をしていきますか？」と同様の発問をすることで、子供の考えの変容を見取ることができ、「主体的に学習に取り組む態度」を評価することができます。　　　　　　　　　　　文責：森田 哲史

8

体育で妥当性・信頼性を高め 効率的な評価を目指すために

1 妥当性・信頼性の視点で見た課題

　学習評価について、教育課程の改善や授業改善の一連の過程に学習評価を適切に位置付けた学校運営の取組がなされる一方で、妥当性・信頼性の視点で見た際に、例えば、学校や教師の状況によっては、以下のような課題が見られることはないでしょうか？

(1)　事例①

> **■事例の概要**
> ・第5学年「短距離走」
> ・2人の子供（A児、B児）が単元の最終日に競走を行った。
> ・A児は学級の平均よりもタイムが速く、B児は遅いタイムであった。
> ・指導者は技能の評価として、その1回きりのタイムをもとにA児を「十分満足できる」状況、B児を「努力を要する」状況と判断した。

　A児とB児に対する評価を1回きりのタイムのみで行っていますが、果たして妥当性・信頼性があると言えるでしょうか？『小学校学習指導要領（平成29年告示）解説　体育編』には、例示として、「スタンディングスタートから、素早く走り始めること」「体を軽く前傾させて全力で走ること」と示されています。タイムについては示されていません。タイムの違いは、A児とB児の身長の違いや筋力の違いに由来していたのかもしれません。また、当日履いていた靴が合っていなかったり、もしかしたらB児は体調がよくなかったのかもしれません。

　次に、「努力を要する」状況と判断をされたB児の心情について考え

てみたいと思います。B児は今回の評価結果を受けて、「よし、次も体育の授業を頑張ろう！」「大人になっても運動やスポーツに親しんでいきたいな」と果たして思えるでしょうか？それどころか苦手意識をもたせてしまったり、何を頑張ればいいのか分からないまま短距離走の学習が終わったりすることも考えられます。

　今回の事例は極端な例かもしれませんが、次のような課題が浮かび上がってきます。

○評価の結果が妥当性・信頼性に欠けるとともに、子供の具体的な学習改善につながっていないこと

(2)　事例②

> ■事例の概要
> ・運動領域の授業の振り返りの場面で、C児が進んで挙手をしている。
> ・保健領域の授業で、C児がノートを几帳面に書いている。
> ・指導者は、主体的に学習に取り組む態度の評価として、進んで挙手をしている姿やノートを几帳面に書いている姿だけをもってしてC児を「十分満足できる」状況と判断した。

　今回の事例も極端な例かもしれませんが、次のような課題が浮かび上がってきます。

○挙手の回数や毎時間ノートをとっているかなど、性格や行動面の傾向が一時的に表出された場面を捉えた評価であること

2 妥当性・信頼性を高めるために大切にしたいこと

　事例①、②で浮かび上がってきた課題について、以下のような改善策が考えられます。

(1)　事例①

　事例①の指導者は、タイムという基準で評価を行いました。しかし、

そのタイムは子供の発達の段階やそのときの状況によって変わってきます。子供は発達の途中です。その発達に影響されるタイムで評価を行うのではなく、動きで評価をしてくことが求められます。

そのためには、評価規準を設定し、その評価規準を基にした子供の具体の姿を想定することが確かな見取りにつながります。そして、その子供の具体の姿を、例えば同学年に複数の学級があるのであれば、指導者間で共有し、評価を行うことで、信頼性が増していきます。

(2) 事例②

「主体的に学習に取り組む態度」について、「児童生徒の学習評価の在り方について（報告）」平成31年１月21日　中央教育審議会　初等中等教育分科会　教育課程部会では、以下のように示されています（P.12　傍点は筆者）。

○　「主体的に学習に取り組む態度」の評価は、知識及び技能を習得させたり、思考力、判断力、表現力等を育成したりする場面に関わって、行うものであり、その評価の結果を、知識及び技能の習得や思考力、判断力、表現力等の育成に関わる教師の指導や児童生徒の学習の改善にも生かすことにより、バランスのとれた資質・能力の育成を図るという視点が重要である。すなわち、この観点のみを取り出して、例えば挙手の回数など、その形式的態度を評価することは適当ではなく、他の観点に関わる児童生徒の学習状況と照らし合わせながら学習や指導の改善を図ることが重要である。

つまり、事例②のような、挙手の回数やノートの几帳面さ等で評価をするのではなく、知識及び技能を獲得したり、思考力、判断力、表現力等を身に付けたりすることに向けた粘り強い取組を行おうとする側面と、粘り強い取組を行う中で、自らの学習を調整しようとする側面、という２つの側面から評価することが求められます。

なお、運動領域においては、公正や協力などを、育成する「態度」として学習指導要領に位置付けていて、目標や内容に対応した学習評価を行う点が保健領域や他の教科等と異なる点です。詳細は、『「指導と評価の一体化」のための学習評価に関する参考資料（小学校体育）』（国立教育政策研究所）を参照してください。

❸ 効率的な評価を目指すために大切にしたいこと

　『小学校学習指導要領（平成29年告示）解説　総則編』の中で、学習評価の充実について以下の点が示されました（P.94）。

> ・創意工夫の中で学習評価の妥当性や信頼性が高められるよう、組織的かつ計画的な取組を推進するとともに、学年や学校段階を越えて児童の学習の成果が円滑に接続されるように工夫すること。

　各学校においては、評価に関する教師の力量の向上を図ることや、教務主任や研究主任を中心に学年会や体育部会等の校内組織を活用するなどして、組織的かつ計画的な取組に努めることが求められます。
　同時に、学校における働き方改革について、あらゆる手立てを尽くして取組を進めていくことが求められる中で、効率的な評価を行っていくことが今後ますます求められます。その際には、教師がICT端末等を活用することで、個々の子供の学習状況が情報集約されて提供され、これらのデータを基にしたきめ細かい指導や学習評価が可能となります。

文責：塩見 英樹

第 **3** 章

運動領域と保健領域との
関連を図る指導は
どうあるべきか

運動領域と保健領域との関連を図る
指導について

　運動領域と保健領域との関連を図る指導については、学習指導要領における体育科の目標に「心と体を一体として捉え」と示されるなど、これまでも行われてきました。しかし、平成28年12月の中央教育審議会答申において、「小学校、中学校、高等学校すべてで、体育と保健の一層の関連を図った内容等について改善を図る」ことが明確に示され、小学校の学習指導要領（平成29年告示）において、より一層の関連が図られるようになりました。具体的には、学習指導要領の体育科「1　教科の目標」に「心と体を一体として捉え、生涯にわたって心身の健康を保持増進し豊かなスポーツライフを実現するための資質・能力」の育成を目指すことが示されるとともに、保健領域が位置付く中学年と高学年の内容の取扱いに次のように示されました。

〔第3学年及び第4学年〕　3　内容の取扱い

(8)　各領域の各内容については、運動と健康が密接に関連していることについての具体的な考えがもてるよう指導すること。

〔第5学年及び第6学年〕　3　内容の取扱い

(9)　各領域の各内容については、運動領域と保健領域との関連を図る指導に留意すること。

　〔第3学年及び第4学年〕における学習指導要領については、学習指導要領解説に示されているように、保健領域の「健康な生活と運動」及び「体の発育・発達と適切な運動」について学習したことを、運動領域の各領域において関係付けて学習することによって、子供が運動と健康が密接に関連していることに考えをもてるよう指導することを示したも

のです。保健領域では、今回、運動をとても重視しており、例えば、「健康な生活」で指導する健康３原則について、これまで「食事、運動、休養及び睡眠」という順番を「運動、食事、休養及び睡眠」という順番に変更し最優先で指導するようになっています。また、保健領域の「体の発育・発達」については、子供が「運動については、生涯を通じて骨や筋肉などを丈夫にする効果が期待されること」の知識を習得したことを、運動領域の「Ａ 体つくり運動」の「跳ぶ、はねるなどの動きで構成される運動」を通じて行うなど、運動と健康との関連について具体的な考えをもてるよう配慮することが大切であることが示されています。このように今回の学習指導要領及び解説では、運動領域と保健領域との関連を図る指導内容がより具体的に示されているのです。

〔第５学年及び第６学年〕はどうでしょう。学習指導要領解説には、「Ａ 体つくり運動」をはじめ各運動領域の内容と、心の健康と運動、病気の予防の運動の効果などの保健領域の内容とを関連して指導することを示したものであることが明示されています。例えば、保健領域の病気の予防では、生活行動が関わって起こる病気を指導します。そこで全身を使った運動を日常的に行うことが、現在のみならず生活習慣病の増加する年齢においても病気の予防方法としても重要であることを理解することになり、そのことを踏まえて各運動領域において学習したことを基に日常的に運動に親しむことを関連付けるなど、運動と健康との関連について具体的な考えをもてるよう指導することになります。

保健の授業で学んだ内容を運動領域の授業で意識したり、運動領域で学んだ内容を保健の授業で振り返ったりすることなどを通して、それぞれの内容に対する学びの質が高まり、体育科としての学びを深めることになります。そのことは、体育の授業だけでなく日常生活にも影響し、生涯にわたって心身の健康を保持増進し豊かなスポーツライフを実現することにつながります。次ページ以降で紹介する具体的な実践をお読みいただければ幸いです。

文責：**森 良一**

事例1

体ほぐしの運動遊びを中心とした授業づくり

単元の概要と保健領域との関連

「体ほぐしの運動（遊び）」は、全ての学年において学習します。子供たちの運動経験の違いにより、「ボールは苦手」「走るのは得意」等の子供たちのつぶやきが聞こえてくることがあります。誰もができる手軽な運動（遊び）を、発達の段階に応じて楽しく経験することにより、心と体が関係し合っていることに気付き、伝え合い、仲間と関わるよさを味わえるようにしていきたいものです。

1 単元の概要

本単元では、少し頑張ればできる手軽な運動遊びを行い、心と体の変化に気付いたり、友達と関わり合ったりしていきます。安全な行い方を知り、少ない人数でできる運動遊びから始め、次第に人数を増やしながら楽しんでいきます。体を動かす気持ちよさに気付き、友達と伝え合う活動を行い、「また体を動かしたいな」と、自分から進んで楽しむことができるようにしていきます。

4時間で構成していますが、各学期の始めに2時間ずつ実施していくことも、運動遊びのよさが心と体に与える変化を感じる機会になります。

2 保健領域との関連

保健の学習は第3学年から始まりますが、体を動かすことが「健康な生活」「心の健康」等の保健の内容に密接な関わりがあることについて、低学年であっても気付いたり、実感できたりするよう指導していきます。

そのために、教師の言葉がけや友達との関わりを意図して準備します。

【運動領域の実践】
①**単元名**：第１学年「体ほぐしの運動遊び」（４時間扱い）
②**単元の目標**
・手軽な運動遊びを行い、心と体の変化に気付いたり、関わり合ったりする中
　で体を動かす心地よさに触れ、その行い方を知ることができる。
・楽しくできる運動遊びを選ぶとともに、考えたことを友達に伝えることがで
　きる。
・運動遊びに進んで取り組み、きまりを守って誰とでも仲よく運動したり、場
　の安全に気を付けたりすることができる。

■**第１時**（年間計画によっては、第１、２時は１学期に実施し、第３、４時は２
　学期に実施することも考えられます）

・集合、あいさつ

　「心臓の音は分かるかな。胸に手を当ててみよう」「汗はかいているか
な。今日は少しあたたかいね」と、教師の言葉がけにより、運動する前
の今日の体感温度や体の様子を感じます。

・準備運動から自然と体ほぐしの運動遊びへ

　簡単な準備運動の後、自然な流れで「走る」「後ろ歩き」「スキップ」
「ギャロップ」「２人で手をつないで歩く」等をリズム太鼓に合わせなが
ら楽しく行います。後半は、スピー
ドを付けたり、動きを持続させたり
することによって、心拍数を上げて
いきます。

・心や体の変化を伝え合う

　休息を兼ねて、集合します。胸に手を当てて心臓の音の変化に気付き
ます。自分や友達が汗をかいていれば、そのことにも気付くようにします。

・友達と関わりながら楽しむ

　「新聞紙を胸や腹に当てて落ちないように走る」「新聞紙の上に風船を
乗せて２人で運ぶ」「新聞紙の上に班の友達が全員乗れるかな」

・運動で使った部位を友達とほぐす

「きゅうりの塩もみ」水で洗う→塩をふる→優しく、しっかりもみこむ→優しくトントントンと軽やかに切る→つかんで食べる

・今日の学習について振り返る

　心や体の変化に気付くように、体の絵が描いてある学習カードにあたたかくなった部位を丸で囲み、変化の様子を簡単な言葉で書きます。自分が発見したことを最後に発表し、友達の変化にも気付いていきます。

指導上の留意事項

　力加減が分からずに友達を強く引っ張ったり、用具を投げてしまったりすることを予想して、事前に安全面について説明します。勝敗はゆるやかにしておくことが好ましいと考えます。

■第2時

・集合・あいさつ

「今日も、まずは心臓の音を確かめましょうね」

・準備運動から自然と体ほぐしの運動遊びへ

　簡単な準備運動の後に、教師のリズム太鼓に合わせて人数集めを行います。まず、2人組で「なべなべそこぬけ」を行い、次第に3人組、4

人組と人数を増やしていきます。ひっくり返る起点が分からないグループには助言します。歓声が上がり、次第に心拍数も上がってきます。

　この後は、「じゃんけん列車」のように大人数で楽しむ運動遊びを行います。

・心や体の変化を伝え合う

・友達と関わりながら楽しむ
　「風船運び」「２人組で風船を落とさないように打つ・キャッチ」
・運動で使った部位を友達とほぐす
　「きゅうりの塩もみ」
・今日の学習について振り返る

■第３時
・集合・あいさつ
・準備運動から自然と体ほぐしの運動遊びへ
　「進化ゲーム」全員がくま歩きから始まり、教師のリズム太鼓「トトン！」で近くにいる友達とじゃんけんをします。勝ったら、鳥に変身し羽をはばたかせながら歩きます。次の「トトン！」で、くまは、くま同士、鳥は鳥同士でじゃんけんします。鳥同士は勝ったら人間になり大きく手足を動かして歩きます。
・心や体の変化を伝え合う
・友達と関わりながら楽しむ

ダブルダッチ用のなわ程度のサイ
ズの長なわが扱いやすいようです。
　「大波小波」「ゆうびんやさん」

1まい2まい
3まい…

・運動で使った部位を友達とほぐす

・今日の学習について振り返る

■第4時
・集合・あいさつ
・準備運動から自然と体ほぐしの運動遊びへ
　「どんじゃんけん」低い平均台や、体育館のライン
の上でも十分に楽しめます。
「フープくぐりリレー」
・心や体の変化を伝え合う
・友達と関わりながら楽しむ

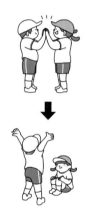

　「今までやってみた運動遊びから選んでみましょう」
　・運動で使った部位を友達とほぐす
　・今日の学習について振り返る

 ## 保健領域と関連付けた指導

　子供たちは、「心臓が速くなった！」「どきどきがすごいよ！」「どっ
くんどっくん言っている！」「汗がびちょびちょだよ」「すっきりした」
等、オノマトペのような表現が出てきます。教師の言葉に言い換える必
要はありません。子供同士が気付く世界を大切にして、心と体の変化を
伝え合ってほしいと思います。　　　　　　　　　　　　　文責：永山 惠子

事例解説　体ほぐしの運動（遊び）と保健領域を関連させた授業づくり

『小学校学習指導要領（平成29年告示）解説　体育編』では、体ほぐしの運動は「自己の心と体の関係に気付くこと」「仲間と交流すること」をねらいとして、「手軽な運動（遊び）を通して運動好きになること」が目指されていることが分かります。

授業づくりの上では、1人やペアなど、少ない人数で取り組みながら運動の楽しさを感じ、その後にもっとたくさんの人数で協力的に運動に取り組んで、みんなで運動することの楽しさや集団的達成の喜びを味わえるような学習過程を組みやすい内容だと言えます。本単元も、それぞれの運動の楽しさを大切にしながら、人数を変えることで友達と一緒に運動を楽しむ経験をすることができる流れになっています。

そして、このように自分の心と体に目を向けやすい内容だけに、保健領域の内容と関連させられる部分が多いと言うことができます。本単元では、関連する内容として、まず小学校第3学年及び第4学年の「健康な生活」が想定されています。健康な状態のときには「心や体の調子がよい」ことや、そのような状態のときには友達をはじめとする人々とうまく関わりながら生活できることが示されていることを捉えて、それぞれの運動に取り組み、楽しさを感じることで、心も体も元気（健康）になることが見通されています。そしてもう一点、第5学年及び第6学年の「心の健康」との関連も取り上げられています。運動をして息があがったり心拍数が上がったりすることが、心と体の関係への気付きとして期待されています。

低学年の子供たちであっても、保健領域で習得する内容を感覚的にでも知ることができますし、子供なりの表現で伝え合うこともできます。本単元は、自然な形で心と体の関係を知ることができる流れになっていると言えます。このような学習過程の例を今後も増やし、共有していくことが大切です。

文責：細越　淳二

体の発育・発達を中心とした授業づくり

単元の概要と運動領域との関連

　令和4年度全国体力・運動能力、運動習慣等調査結果では、肥満傾向児の出現率が増加しており、小学校では男女ともに調査開始以降最高の値を示しています。運動、食事、睡眠・休養についての設問の経年変化の中では、特に1週間の総運動時間が420分以上の割合について、小学校男女ともに令和3年度よりも増加してはいるものの、それ以前の水準には至っていません。また、体育の授業を除く1週間の総運動時間において、60分未満の割合は男子8.8%、女子14.6%であることが分かります。

　よりよい発育と発達のためには、保健領域の学習を通して、適切な運動、食事、休養及び睡眠が必要であること、特に運動の大切さについて理解できるようにしていくとともに、その必要性を運動領域の学習や体育的活動などでの実践を通して実感できる運動と健康が密接に関連した授業づくりが求められています。

1 単元の概要

　本単元「体の発育・発達」では、体が年齢に伴って変化すること、体の発育・発達には個人差があること、思春期になると体に変化が起こり、異性への関心も芽生えること、体の発育・発達には適切な運動、食事、休養及び睡眠が必要であることなどの知識と体の発育・発達に関する課題を解決するための思考力、判断力、表現力等を中心として構成しています。

2 運動領域との関連

『小学校学習指導要領（平成29年告示）解説　体育編』では、保健領域で学習したことを、運動領域の各領域において関係付けて学習することによって、子供が運動と健康が密接に関連していることに考えをもてるよう指導することが示されています。特に、保健領域の「体の発育・発達」については、子供が「運動については、生涯を通じて骨や筋肉などを丈夫にする効果が期待されること」の知識を習得したことを、運動領域の「Ａ　体つくり運動」の「跳ぶ、はねるなどの動きで構成される運動」を通じて行うなど、運動と健康との関連について具体的な考えをもてるよう配慮することが大切であることを示しています。

【保健領域の実践例】

①単元名：第４学年「体の発育・発達」（４時間扱い）

②単元の目標

> (1)　年齢に伴う体の変化と個人差、思春期の体の変化、体をよりよく発育・発達させるための生活について理解することができるようにする。
>
> (2)　体の発育・発達について、課題を見付け、その解決に向けて考え、それを表現することができるようにする。
>
> (3)　体の発育・発達について、健康の大切さに気付き、自己の健康の保持増進に進んで取り組むことができるようにする。

③学習活動（４時間扱いの第４時をピックアップ）

指導計画（第４時）	【ねらい】 ○　学習に進んで取り組むとともに、体をよりよく発育・発達させるための生活の仕方には、体の発育・発達によい運動、バランスのとれた食事、適切な休養及び睡眠などが必要であることを理解できるようにする。 1　体をよりよく成長させるために必要だと思うことを出し合う。 2　出た意見をYチャートで３つ（運動、食事、休養・睡眠）に分類する。 3　どのような生活をすれば、体をよりよく発育・発達できるかをグループで話し合う。 4　体の発育・発達によい運動、多くの種類の食品をとることができるようなバランスのとれた食事、適切な休養及び睡眠が必要であることを理解する。 5　これまでの自分の生活を振り返り、自分の目標を決める。

■クローズアップ（第4時）

　第4時では、これまでの学習を踏まえ、よりよい体の発育・発達のために、生活の仕方でどんなことに気を付けるとよいかを考えていきます。子供たちの意見を、思考ツール「Yチャート」を活用して、「運動」「食事」「休養・睡眠」に分類をし、自分の生活を振り返りながら改善策などを具体的に考えられるようにしていきます。

図　Yチャート

　授業者は、「運動」について、毎日続けることの大切さとその理由を、「食事」について、思春期に特にとってほしい栄養と給食のバランスのよさを、「睡眠」について、睡眠時間と成長ホルモンとの関係などを子供たちの考えを生かしながら伝え、価値付けられるようにしていきます。特に、運動に関しては、「骨は刺激を与えることで強く太くなり、跳んだりはねたりする動きが効果的であること」「筋肉は使うことで鍛えられ、筋肉痛はさらに強い筋肉になろうとしている証拠であること」などについて、これまでの経験を想起できるようにし、運動領域の学習や日常生活での運動などにつなげていけるようにします。

私が好きな「なわ跳び」は跳んだりはねたりする運動だね。これからも続けていきたいな。

運動した後に、体が痛くなっていたのは、もっと強い筋肉になろうとしているからだったんだね。

✔ 指導上の留意事項

　保健領域の学習では、主に健康、安全に関する原則や概念を理解できるように授業づくりを進め、実践や活用の場として、運動領域の学習や特別活動、日常生活との関連を図るなど、教科等横断的な学習を展開し

ていく視点をもつとよいでしょう。そのためにも、保健領域の学習が知識注入型の一辺倒な授業となることがないように、子供たちが目的をもって学習に取り組めるようにしていくこと、実践に向け意思決定や行動選択できるように思考・判断する場面や友達との協働を促す場面を設定するなど工夫した授業づくりが求められます。

【保健領域と関連付けた指導】
■体つくり運動
　　・**単元名**：第４学年「体つくり運動　イ　多様な動きをつくる運動」
　　・**内容**：「跳ぶ、はねるなどの動きで構成される運動」など

　跳ぶ、はねるなどの動きで構成される運動を行う際は、子供たちが保健領域の学習での学びを想起できるように、様々な言葉がけを行いながら、子供たち自身の気付きを促していきます。

【導入時の教師の言葉がけの例】
「骨や筋肉などを丈夫にする運動はどんな運動かな？」
　⇒保健領域の学習を想起できるようにすることで、「跳ぶ、はねるなどの動きで構成される運動」の効果を振り返ることができるようにします。

【運動時の教師の言葉がけの例】
「どうしてこの運動が骨や筋肉を丈夫にするのかな？」
　⇒「跳んだときに骨や筋肉に刺激があった！」など、実体験を通しての気付きを、保健領域の学習での知識とつなげていけるようにします。
「他にどんな運動があると思う？」
　⇒運動を広げる動きの工夫に目を向けられるようにしていくとともに、用具を使った運動や跳の運動など関係した運動への視野を広げていきます。

【まとめでの教師の言葉がけの例】
「これからどんな運動をしていきたいかな？」
　⇒よりよく体を発育・発達できるように個々の振り返りを行い、日常の運動につなげていきます。
　…称賛や価値付けの言葉とともに、子供（学習者）を主体とした言葉がけを行っていくことで、子供の自己決定を促す主体的な学習を進めていくことができます。こうした学習を通すことで、子供たちは「体をよりよく発育・発達できるように、休み時間にも跳んだりはねたりしよう！」など、運動と健康との関連について具体的な考えをもって体を動かすことができるようになってきます。

■体育的活動（特別活動）

　「体つくり週間（旬間・月間)」などを設定し、運動と健康が関連した教育活動を展開していきます。健康では、養護教諭や学校医等と連携し、講話や掲示などにより、よりよい発育・発達についての啓発活動を展開し、それに合わせて「用具を跳ぶなどの動きで構成される運動」である、短なわや長なわを活用した運動を体育朝会や休み時間などで実施していく方法が考えられます。

【例：リズムなわ跳び】

曲のリズムに合わせて短なわ跳びを行います。時間や跳び方など、子供の実態に応じて実施していくとよいです。

【例：○分間長なわ跳び】

学級で取り組みます。学期ごとに記録を計って、学級での最高記録を目指すことも考えられます。

■健康チェックシート

　自分の運動、食事、休養及び睡眠の様子を振り返る機会を設けます。自分の生活を意識し、よりよい発育・発達に向けての行動変容につなげていきます。夏休みや冬休みなどの長期休業時や保健領域の学習後の1週間などの機会を捉え実施していく方法が考えられます。

【例：夏休み健康チェックシート】

文責：唐澤　好彦

事例解説 保健領域の単元の内容に対応した運動とは何か

　保健領域では、全ての単元において運動との関わりがあることから、運動領域との関連を図るためには、学習指導要領及び解説をよく確認し、単元の内容に運動がどのように位置付いているか把握することが大切です。本事例においては、まず、第4学年「体の発育・発達」（4時間扱い）の単元において、学習指導要領に示された「（ウ）体をよりよく発育・発達させるには、適切な運動、食事、休養及び睡眠が必要であること」を指導計画の第4時、全ての内容を学習したまとめとして位置付けています。つまり、体の発育・発達について理解した上で、そのために運動を含めてどのような生活をすべきか学習する流れを計画しているのです。

　次に、解説に示されている体の発育・発達のための生活の仕方の中で、「体の発育・発達によい運動」「運動については、生涯を通じて骨や筋肉などを丈夫にする効果が期待されること」をクローズアップし、これまでの経験をもとに子供が考えるようにしています。これまでの実践では、食事を中心に学習活動が組まれることが多く、運動についてはほとんど扱われないこともありました。本時例においては、体の発育・発達によいと言われる具体的な運動例を考えさせながら、運動領域の学習や日常生活とつなげるように工夫していることがよく分かります。ここでポイントとなるのが、「体の発育・発達によい運動」とは何かの理解です。他の単元に出てくる「健康によい運動」「病気の予防に関わる運動」などとどのように違うのかを明確にすることで、保健の内容と運動との関連だけでなく、運動そのものに対する理解が深まることにもつながります。

　最後に、全体が保健領域の授業だけでなく、運動領域の「体つくり運動」や体育的活動など、学んだことを実践する場を確保する、いわゆるカリキュラム・マネジメントを意識した取組となっています。そのことによって、保健領域で学んだ運動に関する知識が「生きた知識」となり、体育科全体としての資質・能力の育成に寄与することになるのです。

文責：森 良一

体の動きを高める運動を中心とした授業づくり

　学習を終えた子供への調査では、「体の動きを高める運動の楽しさは何だと思いますか？」という質問に対して、「いろいろな運動に生かせること、うまくなったことが分かる、達成感、友達と一緒に高め合える」などと回答があり、豊かなスポーツライフへ直接つながる運動領域であることが分かります。全身を使った運動を日常的に行うことが、現在のみならず大人になってからの病気の予防方法となるなど、子供が運動と健康が密接に関連していることに考えをもち、運動への意識や意欲につなげたいと考えました。

1 単元の概要

　体の動きを高める運動は、運動の楽しさや喜びを味わうとともに、ねらいに応じて、体の柔らかさ、巧みな動き、力強い動き、動きを持続する能力を高めるための運動をして、体の様々な動きを高める運動です。体の動きを高めるための運動の行い方を理解しながら運動に取り組むとともに、学んだことを授業以外でも生かすことができるようになることを目指します。

2 保健領域との関連

　運動場面で、保健領域での学習の知識を生かし、「将来の健康へつながっている」「運動をすることにはよい効果がある」ということを理解した上で取り組むことで、より自分に合った学習にしていくことができ

ます。自分の健康と向き合いながら、自分の体力や日常生活をもとに、どのように運動していくかを自己決定し、学習を進めていきます。

> **【運動領域の実践：体の動きを高める運動の実践】**
> ①**単元名**：第5学年「体の動きを高める運動」（10時間扱い）
> ②**単元の目標**
> ・ねらいに応じて、体の柔らかさ、巧みな動き、力強い動き、動きを持続する能力を高めるための運動をすることができるようにする。
> ・自己の体の状態や体力に応じて、運動の行い方を工夫するとともに、自己や仲間の考えたことを他者に伝えることができるようにする。
> ・運動に積極的に取り組み、約束を守り助け合って運動したり、仲間の考えや取組を認めたり、場や用具の安全に気を配ったりすることができるようにする。

■第1時

　運動との出会いでは、4つの巧みな動きから自分がやってみたい運動を選択し、「やってみてどうだった？」と運動して子供が実感したことをもとに、学習を進めていきます。運動に対して「やってみたい」「楽しそう」という思いを大切にすることで第4学年までの多様な動きをつくる運動との円滑な接続を図ります。

　　・高まる動きが明確である。
　　・工夫の善し悪しが分かりやすい。
　　・運動の楽しさを味わうことができる。
　　・高まりの実感がしやすい。

という視点で運動例を設定しています。

　自己決定の場面を多くすることで、「やってみたい」という欲求充足から「○○を高めたい」という必要充足へ導いていくとともに、目的意識をもって運動に取り組めるようにします。学習を進めていく中で目的意識をもって運動に取り組むことが、保健領域での学習を生かし、個の学びをより豊かにし、学びの質を高める大きな要素となります。

長なわ（タイミング）

スラックライン（バランス）

バンブーステップ（リズミカル）

ボールキャッチ（力の入れ方）

■第2時

　徒手での運動、ペアストレッチをもと
に柔らかさを高める運動に取り組みます。
2人組で背中合わせになったり、交互に
引っ張り合って上体を前屈します。ここ
で大切なことは、運動前に今の自分の状態を知ることです。立った状態

ペアストレッチ（柔らかさ）

で前屈を行い、今の自分の柔らかさを実感として捉え、運動後にもう一
度確認することで高まりを実感できるようにします。友達と共に行うこ
とで、互いの感覚や動きの高まりに気付くとともに、教え合いを促しま
す。また、ゆったりとしたオルゴールなどの音楽を流しながら取り組む
ことで、呼吸をしながらゆっくり体を動かすことを促します。

　柔らかさを高めるには、継続的な取組が必要であることを確認し、家
庭でも風呂上がりなどに家族で行うことを進めます。また、簡単な手順
を示した学習資料を配布することも効果的です。学習したことを生活に
生かすとともに運動の習慣化につなげ、運動と健康の保持増進との関係
を実感できるようにします。

　巧みな動きを高める運動では、「何が高まりそうかな？」を切り口に、
巧みでは「タイミング・リズム・力の入れ方・バランス」が高まること
を確認します。「何を高めたいの？何が高まったと思う？」など目的をも
って運動に取り組んでいくことが大切であることを意識付けていきます。

■第3・4時

単元終了後の自分がどのようになっていたいのか目標を決めます。

目標例　いろいろなことができるようになりたい。

自分がやっているスポーツに生かしたい。

自分に合った運動を見付けたい。

上手に動けるようになりたい。

（保健領域との関連付けについては次ページ参照）

5・6年生はゴールデンエイジと呼ばれ、運動ができるようになりやすい時期であることを押さえ、特に巧みな動きと柔らかさが高まりやすいことを伝えます。

運動場面では、「どうすれば、○○ができるのかな？」「○○を高めるにはどうすればいいのかな？」と課題をもって運動に取り組んでいる子を価値付けていきます。「どうしてできたの？」「体をどう動かせばできるの？」と子供が運動のポイントに気付けるように働きかけていきます。

■第4～6時

自分に合った運動の行い方、課題の見いだし方を確認します。第4時あたりから子供は運動の行い方を工夫した動きに取り組み始めます。

仲のよい友達と同じ運動を選んだり、何となくおもしろそうだから、人数を工夫したりすることもあります。また、何が高まったのかよく分からないけど、とりあえず楽しかったでは、もったいないことを伝えます。

「リズミカルに動けるようにするために、テンポを工夫してみよう」

など、目的をもって課題を立てている子供を共有し、広めていきます。

「何の工夫をしてるの？」「その工夫で何が高まりそう？」など、子供が運動の工夫で何が高まるのかに気付けるように働きかけていきます。

工夫の視点

■第7・8時

　これまで学んできた体の動きを高める運動の行い方をもとに、動きを持続する能力を高めるための運動（ペース走・リズム短なわ）と力強い動きを高める運動（跳び箱相撲・自分運び）に取り組みます。

■第9・10時

　これまでに学習した運動の中から自分の体力に応じた運動の課題や行い方を選んで行います。

- -

 # 保健領域と関連付けた指導

　「自分で運動を選べるし、課題を立てることができるから少し体育が楽しくなった」と話してくれた子供の変容にこの領域の価値があります。

　運動が苦手な子供や運動へ意欲的でない子供ほど、体の動きを高める運動と保健領域を関連付けることで目的意識を見いだしやすくなり、自分に合った課題を立て、運動に取り組むことで運動の効果を実感することができると考えます。

○どうして体の動きを高めるの？

　保健領域で学んだ「どうして運動するのか」「どんないいことがあるのか」という体力の必要性や運動の効果の知識を生かし、どのように運動に取り組んでいこうか、どのように健康な日常生活を送ろうかという運動の日常化へつなげていくことが本領域では求められています。

文責：畠中　圭太

事例解説 運動がもつ「よさ」（効果）を大切にした授業づくりと働きかけ

『小学校学習指導要領（平成29年告示）解説　体育編』では、体の動きを高める運動は「体力の必要性や体の動きを高めるための運動の行い方を理解するとともに、自己の課題を踏まえ、直接的に体力の向上をねらいとして、体の柔らかさ、巧みな動き、力強い動き、動きを持続する能力を高めるための運動を行う」とされています。このうち子供の発達の段階を考慮し、小学校では主に体の柔らかさ及び巧みさを高める運動に重点が置かれています。同時に「学んだことを授業以外でも活かすことができるようになること」が目指されます。本単元では、運動がもたらす「よさ」（効果）を「将来の健康につながるもの」「運動をすることによる効果」という健康についての2点から結び付けようとしています。

　一般的に、健康であることや適正な体力レベルを維持するための運動は「必要充足の運動」だと捉えることができます。本単元の導入では子供が「やってみたい」運動を選んで取り組み、その様子を捉えながら自己の課題を認識する流れになっており、どちらかと言えば最初は「欲求充足の運動」として運動との出会いをすることになります。しかし、自己の体力や動きの状況を捉えて課題を見付け、その解決策を考え選択して活動することで、欲求充足から必要充足へと無理なく進行する流れになっていると言えます。工夫の視点を提供して活動を考えるアイデアを示したり、行っている運動が子供たちの体や健康に対してどのような効果をもつのかを共有したりしながら進めることで、より目的意識をもちながら学習を進めることができます。ICT機器を活用して自己の動きや体力レベルの推移などを視覚化すると、より子供の健康と運動についての意識を高めることができるかもしれません。

　本単元は、健康で元気に生活するために、運動のもつ「よさ」（効果）を適切に伝えながら、自分の運動生活を創る基盤形成が想定されている実践例だと言うことができます。

文責：細越　淳二

心の健康を中心とした
授業づくり

単元の概要と運動領域との関連

　思春期前のこの時期、子供たちは少しずつ心の発達やそれに伴って生じる様々な不安や悩みを自分の中に抱え込み始めていることが、日記やアンケートなどから分かってきました。自分の「考え」をもち、積極的に表出することは、個人差が大きいので、「心の健康」についての基本的な知識や理解を深めるような学習を展開する上でケーススタディや調査活動、体ほぐしの運動を取り入れた単元構成を工夫したいと考えました。

1 単元の概要

　本単元「心の健康」では、これまで気付かなかった自己の内面的な変容に気付くとともに、それをどのようにして受け止めていけばよいかを学習します。不安や悩みの対処の仕方について学ぶことにより、子供自身が今の自分の状態を見つめられるようにするとともに、仲間やモノとの関わりを増やすことで自己を振り返り、これからの生活につなげていくようにします。

2 運動領域との関連

　単元終盤の第4時〈不安や悩みへの対処の仕方について〉では、不安や悩みは誰もが抱えるもので、その場合、人に相談したり、運動したりするなど、自分に合った適切な方法を選び、気持ちを楽にしたり、気分を変えたりすることで対処できることを学習します。この「心が抱える

不安や悩みの対処法として運動や呼吸法が有効」であることと、運動領域の「体ほぐしの運動」を関連付けて学習できるよう、保健領域と運動領域を並行させて行う学習計画を立てました。

> **【保健領域の実践】**
> **①単元名**：第5学年「心の健康」（4時間扱い）
> **②単元の目標**
> ・心の発達及び不安や悩みへの対処について、課題の解決に役立つ基礎的な事項を理解できるようにするとともに、簡単な対処をすることができるようにする。　　　　　　　　　　　　　　　　　　　　　　　　　（知識及び技能）
> ・心の健康について、課題を見付けたり、解決の方法を考えたり、判断したりしたことを表現できるようにする。　　　　　（思考力、判断力、表現力等）
> ・心の健康について関心をもち、学習活動に進んで取り組もうとすることができるようにする。　　　　　　　　　　（学びに向かう力、人間性等）

■第1時　【心の状態について考えよう】

　心や体に関して興味や課題意識をもって考えたり話し合ったりするために、「心」の付く漢字集めを行いました（思、恩、悲、急、忘、志、惑、恵、想、意、感、怒、忍、悪、患、息、恋、愛、快、情、悩…）。様々な心の状態を表す漢字が存在することから、心とは何かについて話合いをスタートしました。さらに心の働きは何か、また、心とは成長するかという問いを投げかけることで自己の心の状態に意識を向けるようにしました。第1時においてはある事例を取り上げながら、年齢の異なる架空の人物の心の状態について考えていきました。

■第2時　【心と体の関わりについて考えよう】

　第2時は心と体の関わりについて、今の自分の体の状態をチェックしながら、そのときの心の状態がどうか考えました。心が緊張や不安を抱えているときに体はどんな状態であるか、また体調が良いとき、もしくは悪いときに心はどんな状態であるかを自分の経験を踏まえながら話し合いました。架空の人物についてのケーススタディという形で課題に迫ることで、子供の率直な意見や考えを引き出すことができました。学習

を進めるに当たり、ワークシートや作文によって文章化することで一人一人が自己の内面を見つめるようにしました。自己の内面を見つめた内容は本人が発表したり、教師が読み聞かせたりして全体に広げました。

■第3時 【思春期の不安や悩みを考えよう】

　不安や悩みについてアンケートをとり、学習の中で資料として活用しました。アンケート結果をもとに自分たちの心と体の状態を見つめ直すことができると考え、不安や悩みの対処の仕方について予想しながら話し合うようにしました。そして、次時までに調査活動として、保護者や教員など身近にいる大人から思春期にどんな不安や悩みをもっていたか、その対処法は何であったかを聞き取ることとしました。

■第4時 【紙芝居にまとめて発表し合おう】

　第4時は個々に聞き取り調査で得た解消法についてグループ内で共有し、その中で自分たちが今後取り入れたい対処法を話し合いました。その話合いから1つの対処法を取り上げ、紙芝居にまとめて発表し合うようにしました。

　紙芝居形式で自分たちの言葉に置き換えて対処法を紹介できたことは、ケーススタディ同様、課題解決の手法として有効でした。

　さらに実践的理解を図るために、仲間との交流を中心とした体ほぐしの運動を「心の健康」と関連付けて行いました。実際に仲間と体ほぐしの運動を体験していく中で歓声が上がったり、手を取り合って喜んだりする姿が見え、仲間と関わる心地よさに気付き、不安や悩みの1つの対処法として体感することができました。

 ## 指導上の留意事項

　「心の健康」では体験や事例などをもとに、具体的に考えたり話し合ったりするグループ活動を積極的に導入し、様々な考えに触れることができるようにしたいところです。そのため、調査活動やケーススタディを取り入れ、学習課題を身近にし、子供たちの考えを引き出すようにし

ます。また、机上で考えるだけでは見えてこないことを体感しながら考えを深めていけるよう、運動領域の「体ほぐしの運動」を関連付けて行えるようカリキュラムを編成するようにします。さらに、自己の学習について分かった点や問題点を意識し、判断力や意思決定の能力を培うことができるようワークシート等での評価活動も継続して行います。

【運動領域の実践】
①**単元名**：第5学年「体ほぐしの運動」（3時間扱い）
②**単元の目標**
・体ほぐしの運動の行い方を理解するとともに、手軽な運動を行い、心と体との関係に気付いたり、仲間と関わり合ったりすることができるようにする。
（知識及び技能）
・自己の体の状態に応じて、運動の行い方を工夫するとともに、自己や仲間の考えたことを他者に伝えることができるようにする。
（思考力、判断力、表現力等）
・運動に積極的に取り組み、約束を守り助け合って運動したり、仲間の考えや取組を認めたり、場や用具の安全に気を配ったりすることができるようにする。
（学びに向かう力、人間性等）

✓ 保健領域と関連付けた指導

　保健領域での学習と関連付け、心と体を一体として行う体ほぐしの運動では、仲間との関わりを深めることに重点を図って学習を進めました。
　運動することの心地よさを味わい、進んで活動に取り組もうとすることを基礎・基本と捉え、第1時〈自己解放〉⇒第2時〈信頼・共感〉⇒第3時〈関わりの深化〉をキーワードに学習を進めました。
　第1時〈自己解放〉においては、キーワードをテーマに運動を行いました。運動を通して自分の心の状態やそれが変化していくことに気付くようにしました。活動構成としては、個人で行うものから、ペアやグループで行うものへと進め、活動が進むにつれて笑顔がはじけ、他者と関わりながら自分の心も開かれていくことを実感していたようでした。
　第2時〈信頼・共感〉では、他者との関わりを結ぶ活動を繰り返しな

がら、相手を信頼したり共感したりできることをねらいとしました。活動中のペアは固定せず、できる限りいろいろな他者との関わりを広げながら運動することが次時のテーマへの確かな足がかりとなりました。

第3時〈関わりの深化〉では、これまでの活動以上に仲間との協力や声がけ等を必要とするもので活動を構成しました。単元を通じてテーマに沿った活動構成とすることで、保健領域の心の健康における学びと関連付けながら運動の楽しさと仲間と関わる心地よさを味わうことができました。

表　指導と評価の計画

	1 〈自己解放〉	2 〈信頼・共感〉	3 〈関わりの深化〉
内容	○エンドレス鬼ごっこ ○変身！だるまさんが転んだ ○新聞紙になろう	○ブラインドウォーク ○トラストウォール ○風船バレー	○平均台シャッフル ○ターザンロープ島渡り ○リフトアップ ○ジャイアントウォール
知・技	・体ほぐしの運動の行い方について言ったり書いたりしている。（観察・学習カード）		
思・判・表	・心が弾んだり、仲間との関わりが深まったりする運動の課題や行い方を選んでいる。（観察・学習カード）	・気付きや関わり合いが深まりやすい運動の行い方を選んだり、工夫したりしている。（観察・学習カード）	・心や体の変化に気付いたりみんなで行って楽しいと感じたりした運動の行い方を仲間に伝えている。（観察・学習カード）
態度	・運動を行う際の約束を守り、仲間と助け合おうとしている。（観察・学習カード） 	・用具の使い方や周囲の安全に気を配っている。 ・運動の行い方について仲間の気付きや考え、取組のよさを認め合おうとしている。（観察・学習カード）	・体ほぐしの運動に積極的に取り組もうとしている。 ・運動を行う場の設定や用具の片付けなどで分担された役割を果たそうとしている。（観察・学習カード）

文責：岡﨑 隆太

事例解説 「心の健康」に運動を結び付ける授業実践

　運動領域と保健領域との一層の関連を意識した授業が求められていますが、授業者の岡﨑先生は、「心の健康」と「体ほぐしの運動」を並行させるという形で、これを実践しました。

　まず「心の健康」では、「心」が付く漢字を集めることから、子供たちは心の状態は多様に表せること、そして自分の気持ちに近いものがあるのかを考えました。その後、事例を設定してある特定の状況について話し合うことを通して、心と体のつながりや心の健康について考えました。続けてアンケートによる調査活動で、より多くの人の不安や悩みとその対処法を知り、紙芝居で自分たちの考えをまとめるという、とても幅広くかつ奥深い教室での学びを展開しています。

　そして同時に「体ほぐしの運動」では、第1時に「自己解放」ということで、個で動ける活動を取り上げ、第2時・第3時では仲間と関わることが求められる活動を取り上げて、集団で知恵を出し合い、声をかけ合いながら取り組む時間を設定しました。集団での運動には、個々の子供が一斉に動く（一斉に的にボールを投げるなど）活動とみんながいなければ達成できない課題（大なわ跳びなど）がありますが、岡﨑先生は後者の活動を意識的に取り上げ、子供たちがお互いに関わることで達成の喜びを味わい、それが心の健康（不安や悩みの解消）につながることを実感させようとしました。

　運動領域と保健領域との一層の関連と言うと、どちらかの領域にどちらかを組み込ませるような実践がありますが、本実践例のように同時進行で、それぞれの単元のよさを保ちつつ関連させるという進め方も、大きな効果を生むことが分かります。今後も、運動領域と保健領域の学びが子供たちの中で結び付く、より良質な授業実践の共有が引き続き求められます。

文責：細越 淳二

第 4 章

ICT 端末で
体育の授業はどう変わるか

1

ICT端末を使うことで、子供たちに何が育つのか

■1 子供たちに身に付けさせたい資質・能力とICT機器

　情報化や技術革新が急激に進んでいる現代社会ですが、これからの社会を生き抜く子供たちには、どのような力を身に付けさせることが求められるのでしょうか。国立教育政策研究所は「教育課程の編成に関する基礎的研究」（2014）において、生きる力につながる「21世紀型能力」を示しました。ここでは子供たちに育成すべき３つの力として「基礎力」「思考力」「実践力」が示されました。これらは三重の円で描かれ、この中心には「思考力」が位置付き、問題解決・発見・創造力、論理的・批判的思考力、メタ認知・適応的学習力がその具体的項目として挙げられています。この思考力の土台となるものが基礎力で、ここには言語スキル、数量スキル、そして情報スキルが位置付いており、情報を取り扱うスキルの重要性が認められていると言えます。

　このような議論が行われる中、学習指導要領（文部科学省、2018）には「情報活用能力」の育成が示されることになりました。この情報活用能力とは「世の中の様々な事象を情報とその結び付きとして捉え、情報及び情報技術を適切かつ効果的に活用して、問題を発見・解決したり自分の考えを形成したりしていくために必要な資質・能力」とされています。

　その後、中央教育審議会（2021）は「『令和の日本型学校教育』の構築を目指して〜全ての子供たちの可能性を引き出す、個別最適な学びと、協働的な学びの実現〜（答申）」においてGIGAスクール構想を提示します。そして新型コロナウイルス感染症の拡大による全国一斉休校をターニングポイントにして、全国の子供たちが１人１台のICT端末を受け取り、それを用いた学習が広がるようになりました。

2 体育授業で、ICT端末を用いてできること

では体育授業において、ICT端末を用いて何ができるのかを考えます。

①**自分の実態（現在地）が分かる**：ICT端末を用いて自分の運動の様子を撮影し（撮影してもらい）視聴することで、今の自分の動きを客観的に見ることができる。つまり、自分の動きの現在地を確認することが可能になる。

②**課題が分かる**：自分の現在地を確認することで、今の自分が次に取り組むべき課題を明らかにすることができる。

③**解決策を選ぶ**：自分の課題が明らかになった後は、その解決の方法を考えることになる。ICT端末に課題解決の例が入っていれば、子供たちはそれを見ながら自己の課題解決のための方法を主体的に選んで取り組むことができる。

体育授業においては、ICT端末を上記のように活用することが想定できます。しかし、体育授業は運動学習が中心になるので、子供たちが運動して「やった！」「できた！」といった達成感を得るための時間が必要以上に削減されるようでは、より良質な体育授業とは言えません。単元の進行に合わせて適切にICT端末を用いること、あわせて子供たちがICT端末の使用に慣れるような取組を他教科の活動も含めて考えていく必要があります。

3 ICT端末を用いた学習の姿

1人1台端末が普及して以降、全国の学校ではICT端末を用いた授業の在り方が検討され、完全オンライン授業、学校に来る子供と自宅からオンラインで参加する子供の双方によるハイブリッド型の授業など、いくつかの学びのパターンで実践が展開されることになりました。そのような経験をもちながら、2023年5月に新型コロナウイルス感染症の分類が変更されてからは、学校内における授業でICT端末をどのように用いるかについて、各教科の授業の在り方が検討されるようになりました。

では体育では、どのようなICT端末の利用例があるのでしょうか。

佐藤らによる授業事例集（2022）では、小学校４年生のネット型ゲームの授業におけるICT端末の活用例として、以下のようなことが紹介されています。

①**動きのポイントを理解するために用いる**：ゲームのルールや動きのポイントなどを見て理解するための利用

②**チームと個人のめあてや役割を記入する**：くらげの頭の大きな円にはチームのめあてを記入し、くらげの足の先端にはチームのメンバーがそれぞれ自分の役割やめあてを記入するための利用

③**作戦ボードをチームで見合う**：ゲームの様子を動画で撮影して視聴したり、自分たちで決めた作戦を確認したりするための利用

④**作戦をフリーハンドで記入する**：チームの作戦と各自の動きを視覚化するための利用

図１　動きを見るポイント

図２　子供が考えた「くらげチャート」

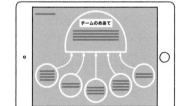

図３　作戦ボードを見せ合う子供たち

図４　子供が描いた「作戦ボード」

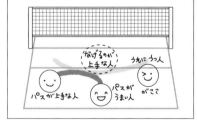

（佐藤豊ほか（2022）「令和３年度スポーツ庁委託事業　児童生徒の１人１台のICT端末を活用した体育・保健体育授業の事例集」をもとに作成）

この他にも、学習の振り返りや授業を評価するためのページを作成して用いることもできます。

4 ICT端末を用いた、より良質な体育授業を目指して

以上のことを踏まえると、体育授業でICT端末を用いることで、子供たちに身に付く力として考えられることには、自分の実態を把握する「自己認識能力」、動きに関する情報や自己の課題解決に向けた取組に関する情報を集めることに関わる「情報収集力」、集めた情報を分析・統合して結論を導き出す「情報分析・統合力」、自分がどの解決策を選択すればよいのかを判断する「課題選択力」等があると言えます。

総じてICT端末を用いることで、様々なものごとを考え、選択することはできますし、今の自分（たち）のことを「分かる」ことが、これまでとは比較にならないほど充実してできるようになりました。しかし体育授業の中では、子供たちの動きの達成を１つでも多く導きたいものです。その意味では、「分かる」ことと「できる」ことをどうつなげるかを考えることが必要になりますし、きっとそこでは教師の直接的・間接的な指導や支援が必要なのだろうと考えます。そして、それが体育授業における教師の醍醐味であり、専門職としての腕の見せ所なのだろうと思います。３つの資質・能力の育成を目指し、ICT端末を豊かに用いた体育実践事例が、求められていると言えます。

文責：細越 淳二

【参考文献】
・国立教育政策研究所（2014）「教育課程の編成に関する基礎的研究　報告書7『資質や能力の包括的育成に向けた教育課程の基準の原理』」
・文部科学省（2018）「小学校学習指導要領」
・佐藤豊ほか（2022）「令和３年度スポーツ庁委託事業　児童生徒の１人１台のICT端末を活用した体育・保健体育授業の事例集」

2

ICT端末を使うと効果的な場面と
授業への活かし方のポイント：運動領域

■これからの教育に不可欠なICT端末

　今後、予測困難な時代が加速していく中、子供たちには、自己の課題を見付け、その解決に向けて粘り強く考えたり、仲間と協働したりする力が必要となります。その力の育成にICT端末は不可欠であり、「課題発見」「共有化」を中心に、強力な授業支援ツールとなります。

①ICT端末を使うと効果的な場面

ア　単元の導入

　単元のゴールの姿をモデル動画として共有すれば、イメージがしやすくなりますし、どのような動きが必要になるのかを考えることで、主体的に学ぶ姿勢につながります。家庭学習として、事前に視聴できるようにすれば、運動時間の確保ができますし、子供たちの見通しにつながって、明日の授業を楽しみにしてくれるでしょう。

イ　自己の課題の発見

　これまでは、学習カード内のイラストからの選択や仲間の声かけを基に、自己の課題を見付けていることが多かったように思います。これらに加えて、撮影された自分の動きを視聴することで、課題が明確になり、より納得して解決に向けた活動をしやすくなります。

ウ　解決方法の選択

　見付けた課題を解決するための活動の説明やモデル動画をICT端末に入れておけば、子供たちは、必要なときに活用することができます。

エ　活動の様子（動画）の提出とコメントの返却

　その日の最もよい動きを提出する機会を設けると、自己の動きを振り返り、次時の目標や課題をもちやすくなります。教師側にも大きな利点

があり、授業時間外とはなりますが、全員の動きを見取ることができるので、授業改善に生かすことができますし、テストの時間をつくらなくてすみます。また、動画にコメントすることで意図が伝わりやすくなりますし、提出された動画を見本の動きに活用することもできます。

オ　課題解決のために考えたことや振り返りの共有

うまくいったときのこつをICT端末に入力すれば、即座に共有ができ、自分に合ったポイントを見付けやすくなります。また、振り返りを共有することで、クラスとしての困りや課題が見やすくなり、次時に必要感のあるめあてが設定しやすくなりますし、自分たちで授業を進めていることを実感しやすくなります。

カ　単元の終末

単元序盤の動画と単元終盤の動画を比べることで、子供たちは、成長や達成感を感じられるでしょう。また、保護者に単元前後の変容を伝えることで、保護者からの信頼にもつながると考えます。

②授業への生かし方のポイント

ア　活用場面の精選と活用目的の明確化

ゴールの姿に向けて、活用すると大きな効果がある場面だけを精選し、単元を構想します。なぜ活用するのかを子供たちと共有し、活用の必要性や効果を子供たちも感じられるような単元の流れを目指します。

イ　活用するためのマナーや環境整備

活用の初期段階では、うまく撮影できないことも出てきますが、きまりを守り、仲よくするといった学びに向かう力、人間性等の育成は、ICT端末の活用も含めて進めるとよいでしょう。また、自分の端末内に仲間の写ったものがあれば、削除するといったモラル面での指導も必要です。

ICT端末にぶつかることで、壊れたり、けがをしたりしないように、屋内外での管理の方法や置く場所を定めることも欠かせません。校内で決めておくと、子供たちは安心や慣れから、年々活用の質を上げていきます。使い慣れるためには、長い目で見守りながら、他教科等を含め、継続的に活用していくことが大切になると考えます。　　**文責：安本 直哉**

3

ICT端末を使うと効果的な場面と授業への活かし方のポイント：保健領域

　ICT端末の利用により、保健領域の授業もより一層効率的で効果的なものにできます。導入、展開、まとめの学習場面は、本時のねらいを達成させるためにそれぞれの働きがあり、ICT端末はその働きを強化したり、支援したりするものでなくてはなりません。では、保健領域の授業において、どのように生かすのか、そのポイントを整理します。

【導入】参画意識や問題意識を高め、主体的な学習の足がかりに！

　導入場面は、本時の学習内容に対する関心をもち、学ぶ意欲を高めるなど、学習への動機付けや原動力を高めることが大切です。子供にとって驚きのあるもの、知的好奇心を高めるものなど、意外性をもたせる課題提示をします。これまでも事前アンケートの結果を提示して興味・関心を高める、学習内容に関するクイズを出して知的好奇心を引き出す導入が行われてきました。ICT端末を活用することで、事前のアンケートを簡単に集約するだけでなく、多い意見は大きく表示するなどの操作も容易になりました。子供も自分の意見や思いが授業に反映されている実感から、授業への参加意識が高まります。学校では時間が取れなくても、家庭に持ち帰った端末に宿題として答えてもらうことで教師も実態を事前に知ることができ、指導に生かすことができます。

【展開】課題解決の話合いや実習を補助し、対話的な学習の充実に！

　展開場面では、導入場面で高めた関心や意欲を基に、教科書や資料を使って調べたり、確認したりすることで、正しい知識を押さえる必要があります。インターネットは正しい情報とそうでない情報が混在していることから、まずは教科書や公的機関の資料を使うことがお薦めです。展

開の後半は確かめた知識を活用してさらに課題の解決に当たります。例えば、第4学年「体の発育・発達」で学校の保健データを使って自分自身の1年生から4年生までの身長の伸びについて、ICT端末に入力すると1年間の変化がグラフ化されるようにプログラムすることで、時間削減につながります。また、その変化をICT端末で集約して共有することで、身長の伸び方には個人差があるという学習内容の理解につなげることができます。5年「けがの防止」で学校や地域にある危険を防ぐための環境について、フィールドワークを行うことがありますが、カメラ機能を使って一人一人が見付けた場所や工夫を撮影したものを集約する活用も考えられます。また、けがの手当の実習においては、教師が複数の場を回ることが難しいため、ICT端末を使ってそれぞれの手当の仕方について確認することも有効です。学習カードも端末上でやり取りすることで、配付や回収の時間削減だけでなく、子供が思考・判断・表現する時間の確保につながります。生成AIの活用についても文部科学省からガイドラインが出されており、今後、グループでの話合いにおいて、生成AIによって足りない視点を見付け、話合いをより深める活用の仕方が考えられます。

【まとめ】学習の成果を生かし、より実際的な理解を深める学びに！

　まとめの場面では、本時の学習内容の定着を確かめるとともに、学習内容を生かして、実際の生活場面に即して、よりよい保健行動について考えることが大切です。知識の定着については、ICT端末を使って、教科書から二次元コードを読み取ったり、Kahoot！やMentimeterなどの無料のアプリケーションを用いたりして、学習内容をクイズ形式で答えることで、より楽しく、確実な知識の定着を図ることができます。また、4年「体の発育・発達」や6年「病気の予防」などにおいてケーススタディを行う際には、ICT端末を使って自分の考えた解決方法や他者へのアドバイスについて学級で共有し、自分と異なる考え方に触れることで、自らの学びを調整し、よりよい保健行動に結び付けるといった活用の仕方が考えられます。

文責：増嶋 広曜

事例1

初期段階におけるICT端末活用の可能性
第2学年 マットを使った運動遊びを通して

ICT端末活用のポイント

本事例の子供たちは、体育科でICT端末を活用したことがありませんでしたので、他教科で経験のある「動画の撮影と視聴」「意見の送信と共有」の機能を使用しました。ICT端末活用の初期段階の実践を通して、活用の可能性を探ります。その際、活用が目的化しないようにし、見付けた課題を解決するために、考えたり協働したりするようなこれからの社会を生き抜く力や、学習指導要領に示された資質・能力の育成につなげることを大切にしました。

①単元の概要

低学年では、運動遊びを通して様々な動きを経験しながら、基本的な動きを身に付けることが大切になります。そこで、水族館への遠足や生活科の学習を生かし、例えば前転がりをする際、子供たちは、イルカや猫等、なりたい生き物になって、どのように転がるのかを考えて、取り組みました。 ・

②ICT端末活用のねらいと留意点

撮影された自分の動きを視聴することで、なりたい動きのイメージがわいたり、よりよくしたいという思いになったりと、主体的な学びにつながるようにしました。撮影時は、画面越しの友達のよい動きに注目し、見付けたよさを伝え合うことで、達成感や自信を得られることをねらいとしました。毎時間の振り返りでは、どの生き物でどのように動くのかを即座に共有し、思いつきにくい子供のヒントになるようにしました。初めての活用ということで、運び方、置き場所、撮影位置も明確に示すようにしました。

マットを使った運動遊び（6時間扱い）

①単元名：第2学年「いきものランドで大はっけん！」

②単元の目標（カリキュラムの編成により指導内容を精選して設定）

・マットを使った運動遊びの行い方を知るとともに、いろいろな方向への転がり、手で支えての体の保持や回転をして遊ぶことができるようにする。

・マットを使った簡単な遊び方を工夫するとともに、考えたことを友達に伝えることができるようにする。

・マット使った運動遊びに進んで取り組み、器械・器具の準備や片付けを友達と一緒にすることができるようにする。

③単元の指導計画

時間	1	2	3	4	5	6
	あいさつ オリエンテーション	あいさつ　めあての共有				
	めあての共有	茨木っ子運動（動物の動きでの準備運動）				
	茨木っ子運動	場の準備				
	場の準備	パワーアップ遊び	にょきにょきランド			パワーアップ遊び
学習活動	パワーアップ遊び	にょきにょきランド（主に首倒立、壁登り逆立ち）	パワーアップ遊び（うさぎ跳び、ゆりかご、かえるの足打ち等）			いきものランドサーキット ※ビデオカメラを固定しての全体撮影
			とびとびランド	とびとびランド	前ころランド	
	前ころランド（主に前転がり）	とびとびランド（主に川跳び、腕立て横跳び越し）	前ころランド	前ころランド	後ころランド	
	後ろころランド（主に後ろ転がり）	前ころランド	きらめきタイム（6時は交流のみ）			
		後ろころランド	後ころランド	後ころランド	とびとびランド	とびとびランド
	きらめきタイム（動画の撮り合いとよい動きの交流）		きらめきタイム（6時は撮り合いのみ）			
	振り返り（次時に目指す動きの共有、友達のよい動きの共有）					
	場の片付け　整理運動　あいさつ					

■第1・2時

　オリエンテーションでは、なりたい生き物になって転がったり、支えたりしていくことを、教師のモデル動画を通じて共有し、ICT端末の使い方（撮影、操作、管理）を確認しました。また、よりよくしたい動きが子供一人一人異なるため、撮影する動きを教師が提示することにしました。

中心活動

主体的・協働的な学びを支える ICT端末

● 自分の動きを振り返り、主体的な学びにつなげる

　子供たちは、例えば、ライオンになって前転がりを試みたものの、もっと大きくしたいと思うなどしていました。単元終末の感想に、「タブレットで自分のうごきが見れてこういうところができてないかなって分かった」と書かれているように、自分の動きを動画で確認することで、動きのイメージをもちやすくなったり、自分のイメージと比べやすくなったりしたのだと思います。

　自分の動きを確認した後、毎授業終盤の振り返りでは「次の時間、どんな生きもので、どのように後ろ転がりをしたいですか?」を、オクリンク（Benesseの授業支援ソフト）で共有しました。目指す動きを明確にすることで、意欲の向上をねらいました。友達の意見をヒントにして、目指す動きを見付けたり、広げたりする姿がありました。

　授業後には「みんなの頑張りや成長を感じたいので送ってね」と伝え、撮影された動画から一番よいと思ったものをオクリンクで送信するようにしました。この選ぶ瞬間も学習の調整につながっていくように思います。

写真1　どの生き物でどう動くかを共有

写真2　一番よかった動きを送信

● 撮影を通して協働的な学びにつなげる

　予想どおり、楽しく動画の撮影をする中で、ふざけてしまう場面もありました。使い慣れることで減っていきますが、そうなりにくいよう、画面越しの友達の動きのよいところを伝え合うようにしました。はじめのうちは、「ここが

いいかなぁ」と不安そうでしたが、友達の共感や笑顔から自信を付けて、大きさや速さ、高さ、まっすぐさ等に注目して、よい動きを伝え合うようになっていきました。「友達のいいところをみれていいとおもった」「とるのもたのしかったし、○○さんが、じょうずだったから、すごいと思いました」という感想からも、友達のよい動きを楽しく、前向きに見付けられたことが分かります。

友達のよい動きを伝えることは、体育科で育成したい大切な力であり、一人一人が力を付けているかを見取るため、学習カードにまとめることにしました。今回は、鉛筆で書くほうが力を発揮できると判断しました。

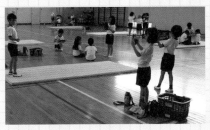

写真3　撮影を通してよい動きを見付ける

さんのたかとびこしが
足があがってて、すごいと思い
ました。

と思いました。

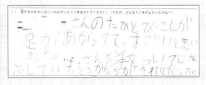

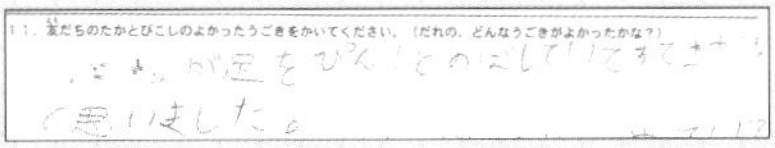

写真4・5　よい動きを学習カードに書く

●ワンポイント「ICT端末の環境整備」

ICT端末をスムーズに活用するため、安全面と操作面を考慮しながら、各チームの置き場所と撮影場所を設定しました。自分の端末に自分の動画が残るよう、友達に撮影してもらう際に、番号の付いたシールを貼ることで、自分の使用する端末が明確に分かるようにしました。

第1～2時では、曖昧となってしまいましたが、第3時からは、ICT端末を活用する目的を、子供たちの必要感を大切にしながら共有したため、前向きに活動する場面が多くなりました。

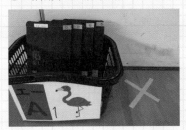

写真6　ICT端末の置き方と撮影場所

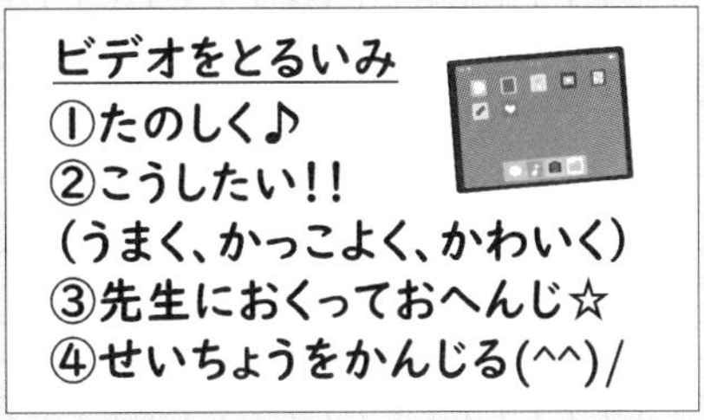

ビデオをとるいみ
①たのしく♪
②こうしたい!!
(うまく、かっこよく、かわいく)
③先生におくっておへんじ☆
④せいちょうをかんじる(^^)/

写真7　活用目的を共有するためのスライド

評価 | 指導と評価を確実に進めることで、子供たちの伸びを喜び合う

　指導内容が多ければ、一人一人の伸びを把握し、子供たちに伝えることが難しくなると考えます。そのため、指導内容を精選できるように、本校ではカリキュラムを編成しています。それに加えて、ICT端末を活用することで、指導と評価を確実に進められるようにしました。

　その時間に一番よいと思った動画を送ってもらうことで、全体的なつまずきだけでなく、見取りが曖昧であった子供の動きも確認することができ、次時の個別の手立てをはじめ、授業改善がしやすくなります。

　また、動画にコメントを付けることで、アドバイスの意図が伝わりやすかったり、子供たちの励みにつながったりします。

　送られた動画は、成績につながる評価の際にも使用することができるため、テストの時間を確保する必要がなくなります。運動が苦手な子供を中心に、安心につながりますし、単元終盤まで、指導につなげる評価、つまり、指導内容が身に付くように関わり続けることができます。

　信頼性のある評価のためには、送られた動画だけでなく、観察やサーキット中のビデオカメラで撮影した様子も踏まえるようにします。準備や片付けといった、「主体的に学習に取り組む態度」でも、観察や撮影した様子を踏まえます。「思考・判断・表現」の評価では、写真4や5のように、学習カードの記述を踏まえます。このように、3つの資質・能力をバランスよく育成し、それぞれの伸びを確実につかんで喜び合います。

写真8　送られた動画へのコメント

写真9　ビデオカメラで撮影した準備の様子

■単元を終えて

　単元終末の感想を読むと、「いろいろなうごきでできたから」「いっぱいうごけたから」「いろいろなことができるようになったから」など、それぞれに「楽しかった」と感じていることが分かりました。

　ICT端末の活用もその要因の1つですが、毎授業の序盤に取り組んだパワーアップ遊び（うさぎ跳び、ゆりかご、かえるの足打ち等）も大きな要因だと考えます。楽しみながら、地面を蹴ったり、起き上がったり、腕で支えたりといった力を少しずつ確実に高めていけたからです。

　単元を通して同じ活動を重ねていくことは不可欠であり、準備と片付けにかかる時間も、毎回減らしていきました。ICT端末の使い方も同様に、活用場面を重ねることでスムーズに扱うことができていきました。今後は、単元内だけでなく、単元を越えて活用することで、その質を高めたり、幅を広げたりすることが大切になると考えます。

　本事例では、授業日の朝に毎回5～10分間、前時を振り返り、本時の見通しをもつ時間をつくりましたが、今後は、ICT端末を持ち帰らせて、事前に各家庭で確認してもらうとよいと考えます。

　個人懇談で体育の頑張りを伝える際、動画を活用してもらいましたが、ほほえましく視聴する姿や「よく分かりました」とのコメントがあったということです（初めてクラス担任をする先生のクラスで授業をさせていただきました）。

写真10　伸びを支えたパワーアップ遊び

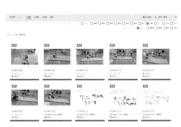

写真11　保護者に伸びを具体的に伝える

文責：安本 直哉

中学年の事例：運動領域
（第4学年：ゲーム・ネット型ゲーム）

ICT端末活用のポイント

　中学年になると、体育の目標及び内容が変化します。低学年の「各種の運動遊び」から「各種の運動」というように、「遊び」の文言がなくなります。そのため、各種の動きを詳細に学習することが大切になってきます。さらに、中学年からは「自己の課題を見付け」という文言が加わります。一つ一つの動きをよく理解し、自己の課題を見付けるためにもICT端末の活用は非常に効果的です。

　また、中学年の「ゲーム」では、易しいゲームの例示が数多くあります。これらのゲームは、多くの子供にとって初めての経験であることが多いと考えられます。運動経験がない、そもそもどんなゲームなのかのイメージがもてない子供も多いはずです。そんなときにもICT端末の活用は効果的です。なお、授業を行う上でのICT端末の活用は、教師の活用と子供の活用の2つがあります。よって今回は、この2つの視点から実践を紹介します。

①単元の概要

　『小学校学習指導要領（平成29年告示）解説　体育編』に例示されるネット型ゲームは、ラリーの続く易しいゲームにすることが求められています。そこで本単元では、ラリーを続けることを主なねらいとして学習を進めました。

②指導上の留意点

　ICT端末の扱いに慣れてきているとは言っても、中学年はまだまだ活用に時間がかかります。そのため、運動時間を確保しつつ、活用の場面を絞るなどして、効果的に活用することが大切です。

ネット型ゲーム（7時間扱い）

①単元名： 第4学年「ネット型ゲーム」

②単元の目標

・ハンドテニスの行い方を知るとともに、易しいゲームをすることができるようにする。

・規則を工夫したり、ゲームの型に応じた簡単な作戦を選んだりするとともに、考えたことを友達に伝えることができるようにする。

・運動に進んで取り組み、規則を守り誰とでも仲よく運動したり、勝敗を受け入れたり、友達の考えを認めたり、場や用具の安全に気を付けたりすることができるようにする。

■第1時

単元開始のオリエンテーションとして、モデル映像を子供に提示しました。テニスの醍醐味であるラリーの映像として、プロの迫力あるラリーの映像を見せました。これにより、「ラリーが続くと楽しそう！」という子供の意欲を引き出す教材との出会いをつくり出しました。それとともに、実際に子供たちが行うゲームの行い方を教師によるモデル映像として見せました（図1）。

すでに述べたように、ゲーム領域においては、初めての経験となるゲームをすることになる子供がほとんどになるかと思います。どんなゲームなのかを子供につかませるためにも、モデル映像をはじめに提示することは非常に効果的だと考えています。

図1　使用したモデル映像のスライド

2〜7時

教師によるICT端末の
効果的な活用 （スライド用いた学習進行）

　GIGAスクール構想のもと、子供の一人一台端末の整備はもちろん、教師がICT端末を使いやすい環境が整い始めてきたように感じます。体育館にもプロジェクターやテレビなどが常設されている学校も増えてきているのではないでしょうか。だからこそ、教師によるICT端末の活用はますます大切になってきます。本実践では、単元を通してMicrosoftのPowerPointのスライドを用いて学習を進めました。

　本実践では、毎時間の発問をスライドで提示しました（図2・3）。発問に対する子供の反応をその場でスライドに入力することで、子供の意見を即座に画面に映し出すことができます。子供の発言や思考の流れをその場で提示することができるので、本時の学習内容を子供につかませるのに効果的であったと感じています。

図2　スライドを用いた学習進行　　　　**図3　発問提示に使用したスライド**

> 3時間目
> どんなうち方をする
> とラリーが続きやす
> いかな？

　また、発問に合わせて、動画も見せました。「このとき、どうすればよかった？」「どうすればもっとラリーが続くかな？」というように、教師が用意した動画や、子供のプレーしている様子を撮影した動画を見せることで、実際のプレーから課題を見付ける活動を取り入れました。

子供の振り返りの効果的な提示

　子供の振り返りを画面で提示することも教師の活用の１つです。本実践では、学習の振り返りをスライドにまとめて提示しました（図４）。子供の感想から次時の学習内容につなげることができ、学びの連続性を意識して単元を進めることができました。

　また、子供の振り返りの内容をワードクラウド化して提示もしました。ワードクラウド化には「User Local AIテキストマイニング」のサイトを活用しました。「どんな打ち方がよいか」の発問で学習を進めたときには、図５のように、「素早く」「手のひらで」「力強く」等のワードを子供の多くが記入していました。ワードクラウドを用いて振り返りを提示することで、学級の子供の考えの全体的な傾向をつかむことができ、学習した内容を全員で振り返ることにもつながりました。

図４　前時の振り返りの提示

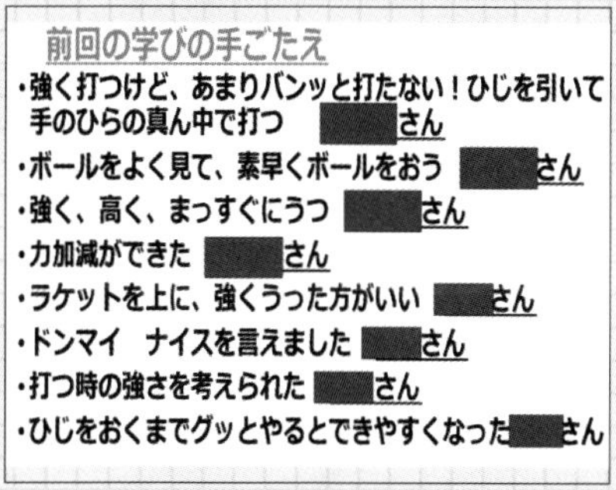

図５　振り返りのワードクラウド化

前回の学びの手ごたえ
・強く打つけど、あまりパンッと打たない！ひじを引いて手のひらの真ん中で打つ　　　さん
・ボールをよく見て、素早くボールをおう　　　さん
・強く、高く、まっすぐにうつ　　　さん
・力加減ができた　　　さん
・ラケットを上に、強くうった方がいい　　　さん
・ドンマイ　ナイスを言えました　　　さん
・打つ時の強さを考えられた　　　さん
・ひじをおくまでグッとやるとできやすくなった　　　さん

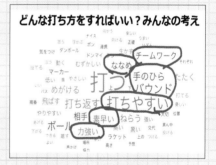

●ワンポイント「実践の共有」

　教師が作成したスライドを校内や自治体で共有していくことも大切だと感じています。たくさんの実践を積み重ねていくと、次年度以降の学習や、他校での実践にも広がります。

■第5・6時
　子供によるICT端末の活用（動画の撮影と分析による課題発見）

　中学年以降になると「自己の課題を見付け」という文言が加わります。低学年とは変わり、自分の運動の課題を見付けることが目標として示されているのです。そのためのICT端末の活用は非常に効果的です。

　本単元では、単元後半に自分たちのチームのプレーの様子を動画で撮影しました。撮影した動画を基にうまくいったのはどんなときか、ミスが出たときはどんなときかをチームで分析しました。これにより、撮影した動画を基に、自己の課題を見付けることにつなげました。しかし、ただ活動の様子を撮影するだけにしないようにします。自分のプレーの良し悪しを判断するには、その判断基準が必要となります。そのために、よい動きのモデル映像を示しておくなどの工夫も大切です。

　本実践では、図6のようにコート内にラインを引きました。待機線とコート内の四角のラインを目立つようにしました。これによりボールがどこに落ちたか、自分たちがどこに動いたかを見える化しました。このようなアナログとデジタルの組み合わせにより、動きの良し悪しの判断基準を明確にすることは、自己の課題を見付けることの一助になると考えています。

図6　ICT端末での撮影をさらに生かすためのコート

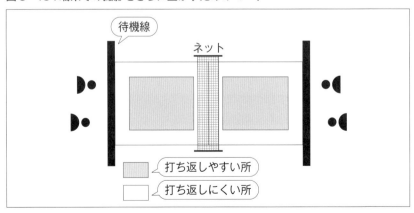

評価　子供が思考したもの、撮影したものを評価に生かす

　中学年のゲーム領域では、「作戦を選ぶ」という文言があります。チームや個人がどの作戦を選んだのかを表現させることはとても大切です。

　そこで、子供が選んだ作戦をオクリンクやPadlet等で提出させます（図7）。なぜその作戦を選んだかの理由も記述させることで、評価に生かすことができます。オクリンク等で提出することのメリットは、毎時間継続して残せることと、その場ですぐに子供の作戦を学級全体で共有できることです。子供が選んだ作戦を画面に提示しながら「その作戦を実行してみてどうだった？」と問いかけることで、振り返りや学習内容を共有することができます。

　撮影した動画を教師に提出することも評価の材料として活用できます。教師1人では、全員の子供の様子を時間内で見取ることは難しいでしょう。そのため、1時間の授業時間内には見取りきれない子供の動きを動画で残せることは、子供一人一人の実態把握と次の指導の計画にとても役立ちます。

　特に、単元開始時に撮影した動画と、単元終了時に撮影した動画を見比べることは、教師が子供一人一人の伸びを把握できるとともに、子供は自身の伸びを実感することにつながると考えています。

文責：藤井 諒紀

図7　Padletでの動画提出のイメージ

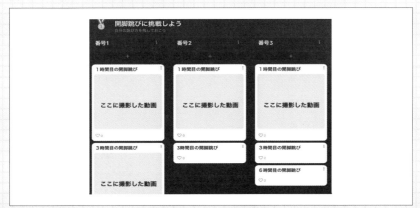

第5学年「跳び箱運動」における ICT端末の効果的活用

ICT端末活用のポイント

　体育の授業でも、子供たちがICT端末を活用しながら学習を進める場面を多く見かけます。しかし、教師もICT端末の活用について、研修を受けたり創意工夫をしたりしながら手探り状態で指導をしています。だからこそ、ここでは体育科におけるICT端末の目的や効果的な活用方法について考えてみたいと思います。

①単元の概要

　小学校学習指導要領（平成29年告示）には、開脚跳びや台上前転などの基本的な技やかかえ込み跳び、伸膝台上前転などの発展技が例示されています。これらの技の指導を行うポイントとして、子供がそれぞれの技の行い方を理解するとともに、自己の能力に適した技に取り組むことができるようにすることが挙げられます。また、自己の能力に適した課題を見付け、練習の場や練習方法を選択して解決していくことが大切です。

②指導上の留意点

　「ICT活用は目的でなく手段である」ことが昨今よく言われています。ICT活用をすると資質・能力が高まるわけではなく、資質・能力を高めるための活用をするということです。単元計画を立てる段階で効果的に活用できる場面を設定したり、教師が事前の準備をしたりする必要があります。

　また、子供がICT端末の操作に時間がかかりすぎて、運動量が低下しては本末転倒になってしまいます。どこでも、気軽で簡潔にICT端末を使えるようにすることに気を付けなくてはいけません。

跳び箱運動（7時間扱い）

①単元名：第5学年　「跳び箱運動」

②単元の目標

・跳び箱運動の楽しさや喜びを味わい、行い方を理解するとともに、切り返し系や回転系の基本的な技を安定して行ったりその発展技を行ったりして、その技ができるようにする。

・自己の能力に適した課題の解決の仕方を見付け、その課題の解決の仕方を考えたり、課題に応じた練習の場や段階を選んだりするとともに、自己や仲間の考えたことを他者に伝える。

・運動に積極的に取り組み、約束を守り助け合って運動したり、仲間の考えや取組を認めたり、場や器械・器具の安全に気を配ったりする。

■第1時

　学習の見通しをもたせるために、授業のオリエンテーションを行いました。Google社のClassroom（写真1）の機能を活用しました。学習全体の流れ、1単位時間の流れやめあて、技のお手本動画、場の設定、学習カードなどを掲載して、いつでもどこでも確認できるようにしました。従来までは、授業時間内で、技の行い方や今まで学んだことの振り返りを行うことが多かったのです。しかし、自分の学びの軌跡や手本動画、自己の動画など自分が見たいときに繰り返し見ることができるようにしました。これを活用することでICT端末での個に応じた学びの機会を保障することができると考えました。

写真1

■第2・3時

　第2時に切り返し系、第3時に回転系の技調べを行い、現在の自分ができる技やこれから学習していく技のポイントなどを事前に学習しました。技を行う前に、子供たちの個々のICT端末に入っている、Google社のClassroomの中からお手本の動画（写真2）を視聴して、技に取り組むことができるようにし、ポイント（写真3）を確認しながら実際に取り組んだり、自分なりの技のこつを見付けたりすることができます。また、個々のICT端末に動画が入っているので、自分の見たいタイミングで技のポイントを繰り返し見ることができ、技能を獲得することに寄与できました。

　単元を通じて、デジタルだけではなくアナログのよさを子供に学ばせるために、紙を使った「マイカード」も用意しました。このカードは、事前のお手本動画や実際の試技を見て、自分なりに考えた動きのこつを書き溜めていくためのものです。このカードをアナログにしたのは、ICT端末を立ち上げることや操作することにとらわれずに、すぐにメモ程度の内容を書き込めるからです。

　ICT活用と言えども、全てパソコンで記録をとることだけでは、学び方の多様性がありません。デジタルとアナログのメリットとデメリットを知り、状況に応じてICT端末をツールとして活用してほしいという願いも含まれています。

写真2

写真3

<table>
<tr><td>中心活動</td><td>第4・5・6・7時
自己の課題の発見と
解決について焦点化</td></tr>
</table>

第4・5・6・7時
自己の課題の発見と解決について焦点化

第4・5時は主に切り返し系、第6・7時は、回転系の技の習得を主に行いました。学習グループも、課題別に設定してお互いに同じ観点で見合う学習形態にしました。跳び箱運動の学習では、助走や踏み切り、着地を含めた、全体としての一連の動き方を身に付け、それらを安定し

写真4

て、滑らかに行うことが求められています。しかし、各局面の見取りが一瞬であることや一連の動きとして捉えることが難しいため、自己の課題発見と解決の手段の1つとしてICT端末の活用を行いました。特に子供は、自分の動きを俯瞰して見ることに課題がありました。そこで、ICT端末のカメラ機能を活用して自己の動きを撮影すること（写真4）で課題の発見と解決を行えると考えました。ただし、動画を撮影するだけでは、その素材を自分のものにすることは難しいです。ICT端末を活用しつつ、子供同士の学び合い（写真5）も大切な要素であると考えました。動画を見たり、友達にアドバイスを見てもらったりすることで、さらに課題の解決を行えると思います。撮影した動画は、Googleドライブのクラウド内に保存されていきます。子供が

技能を習得するために、毎時間の動きを繰り返し見て比較することで、自己変容を確認することができるようにしました。ICT端末を使うと「分かる」ことが多くなり、とても有効です。しかし、それだけでは全てをカバーできません。教師は発問計画、有効的な場づくり、円滑な交流をするためのグル

写真5

ープづくりなども加えて考える必要があります。

●アプリの活用「遅カメ」

カメラ撮影のアプリとして、Google Chrome の内蔵カメラと連携したタイムシフトカメラである「遅カメ」活用しました。

内蔵カメラとアプリを活用することで、映像遅延ツール、追いかけ再生機能、スロー再生の機能がそろいます。撮影者を置かなくても、定点で設置しておくだけで設定された時間に遡って、動画を視聴することができます。課題別で学習する際も、撮影者が足りないなどの課題にも対応することができます。また、自分の動きをスローで見ることができると、さらに課題をつかみやすくなります。

評価 電子学習カードと Google Formsを使って授業を 子供も教師も即時フィードバック

学習の振り返り・まとめの際に、子供に電子学習カード（写真6）とGoogle社のFormsを使うことにしました。電子学習カードには、手本動画と子供が本時に撮影した動画を比較しながら振り返りを書くことができます。従来は、友達のアドバイスや自分の感覚など、主観が大きく関わるものでした。しかし、今回のように、手本動画と自己の動きを比較して客観的に捉えられることができると、より具体的に自己の課題の把握や成果を確認できるようになりました。このことは、子供の思考を育てることにもつながり、振り返りの子供の記述もより具体的になりました。また、教師も学習カードを評価する際に、子供がめあてに即した評価を行っているかを判断することができます。さらに、個のつまずきに対して適切に把握することができました。つまずきに応じた指導支援を行う手掛かりにもなりました。

名前:○○　○○　日付：６月２４日

自分のめあて

台上前転で、ギリギリまで足を伸ばす！

学習の振り返り

昨日よりギリギリまで足を伸ばす事ができました。○○さんが、「ピンと足が伸びていたよ」と、褒めてくれました。次は、もう少しゆっくり回って、最後に「トンッ」と着地できるようになりたいです。

先生から

上手に出来ていますね。膝の伸ばしもいいです。着地がピタッと決まったら完璧ですね。着地の時は、手でつま先を触る感じで着地するときれいにきまりますよ。次回試してみてください！

手本動画

比較

撮影した動画

写真６

　従来、授業内で自己評価したことをその場で全体共有することは、難しい問題でした。授業後にアンケート結果を集計して次時に結果を発表することが多かったと思います。しかし、子供の生の声をすぐに反映することや全体の状況を視覚的に捉えさせることで、学習のつながりをもてるようにしました。そこで、授業内評価を、Google Formsを使って行いました（図）。「体育の授業を楽しめたか」などの一般的な質問の他に、「自己のめあてを達成できたか」「友達と学び合うことができたか」などの質問をしました。

　その集計結果が即座にグラフに反映され（写真７）、視覚的に状況が分かるので、「今日はクラス全員が自分のめあてを達成できたね」「少しアドバイスが少ないので、お手本動画をよく見て伝えてあげよう」など、授業に即した自己評価を子供にフィードバックすることができました。教師もこの評価を受けて「次時は、もう少し具体的にアドバイスをさせよう」「課題に適した場を選べていない子供が多いので場を整理しよう」などの授業改善に役立てることができます。

文責：窪田 純

図　授業内評価のグラフ

今日の体育の時間で自分のめあては達成できましたか

29件の回答

17.2%
82.8%

● 達成できた
● 達成できなかった

写真７

事例4

「病気の予防」におけるICT端末の効果的な活用のポイント
（高学年の事例：保健領域・第6学年）

ICT端末活用のポイント

　保健領域においてはこれまでも、子供たちの関心や意欲が高まるよう、電子黒板などのICT機器を用いて資料提示をしてきました。また、ブレインストーミングや話合いには、付箋やカードの準備、意見の共有やまとめに手間や時間がかかるなどの課題がありました。ICT端末の活用で、指導の一層の充実や課題解決が期待されます。

①単元の概要

　『小学校学習指導要領（平成29年告示）解説　体育編』には、「病気の予防」の内容として、「課題を見付け、その解決を目指した活動を通して、病気の予防について理解すること、そして、病気を予防するために、課題を見付け、その解決に向けて思考し判断するとともに、それらを表現することができるように指導する」とあります。そのために、健康に関する課題を解決する学習活動を積極的に行うことで、資質・能力の3つの柱をバランスよく育成していくことが大切です。

②指導上の留意点

　指導に当たっては、身近な日常生活の体験や事例などを題材にした話合い、思考が深まる発問の工夫や思考を促す資料の提示、課題の解決的な活動や発表、ブレインストーミング、また、必要に応じて地域の人材の活用や養護教諭、学校栄養職員などとの連携・協力を推進することなど、多様な指導方法の工夫を行うよう配慮することに留意する必要があります。ICT端末を用いることで、それらの指導をより一層効果的、効率的に進めることができるようになります。

病気の予防（8時間扱い）

①単元名：第6学年「病気の予防」

②単元の目標

・病気の予防について、課題を見付け、その解決に役立つ基礎的な事項
　を理解することができるようにする。

・病気の予防をするために、課題を見付け、その解決に向けて思考し、
　判断するとともに、それらを表現することができるようにする。

・病気の予防について、健康や安全の大切さに気付き、自己の健康の保
　持増進や回復に進んで取り組むことができるようにする。

■第1時「病気の起こり方」

　今までに自分や家族がかかった身近な病気について、学びポケットを
使って、短時間で意見を収集しました。「かぜ」「新型コロナ」「インフ
ルエンザ」「むし歯」「熱中症」など、病気とその頻度について可視化す
るとともに、いろいろな病気の起こり方について、病原体、体の抵抗力、
生活行動、環境を視点に話し合いました。

■第2時「病原体が主な要因となって起こる病気の予防」

　病原体が主な要因となって起こる病気については、コロナ禍の生活か
ら子供たちはその予防に関する知識や経験が高まっていました。病原体
の発生源をなくすこと、病原体が体内に入るのを防ぐことは身に付いて
いますが、体の抵抗力を高める点においては、課題が見えました。体育
の授業や休み時間の運動習慣との関連を十分に図りました。

■第3・4時「生活行動が関わって起こる病気の予防」

　生活行動が主な要因となって起こる病気については、「むし歯や歯周
病」「心臓病や脳卒中などの生活習慣病」を2時間かけて学習しました。
どちらもまとめの学習として、ケーススタディを行い、悪い生活モデル
について改善点を指摘する活動を行いました。ICT端末を使い、自分の
アドバイスを投稿したり、友達の投稿にコメントしたりしました。

中心活動 **第5・6・7時**
「喫煙と健康」「飲酒と健康」「薬物乱用と健康」 課題解決に当たって一人一人の思考を可視化

　次に、喫煙、飲酒、薬物乱用は、それぞれ健康を損なう原因となることについて学習しました。それぞれ展開の場面では、心身に与える悪い影響について資料を基に調べ、分かったことをグループで話し合い、全体で確認しました。また、それぞれ法律で禁止されていることなど、社会全体で禁止や抑止しているその理由についても触れて、第8時の学習にもつなげていきます。まとめの場面では、現在の自分自身には身近でなくても、近い将来や大切な家族がその影響を受けることを想定し、他人事ではなく、自分事として捉えさせることを大切にします。

　この3時間は学習の流れ自体は、大きく変わらないので、学習展開の中でのICT端末の活用が定着しやすいので、積極的に活用するとよいでしょう。

【展開の場面】

　教科書にも二次元コードが付いており、教科書の資料に加えて、ICT端末を使って資料を調べました。どの子供も手元の端末を見て、体の変化や悪影響について視覚的に捉えることで、その害の深刻さを受け止めることができたようでした。

　まとめの活動に向けて知識の定着を図ることが大切になるため、教科書に付いていた二次元コードから「保健クイズ」に取り組みました。原理原則を押さえるに当たって、学習カードに書き出すよりもクイズ形式のほうが子供たちも楽しく取り組むことができました。

【まとめの場面】

　まとめの場面では、第5時では、学習したことを基に「たばこが吸える年齢になっても吸わないほうがよい理由」について、第6時では、「親戚から飲酒を進められたときの断り方」について、第7時では、薬物乱用防止のポスターを基に「薬物乱用が許されない理由」について、それぞれ思考・判断したことを表現する時間を取りました。それぞれICT端末を用いて、自分自身

の考えをもたせました。その考えは、「Padlet」を使って投稿させ、端末上で共有するとともに友達の意見に対してもコメントするようにしました（図1）。早く終わった子供も友達の投稿を読み、自身の考えを調整する場面が見られ、ICT端末活用の有効性が認められました。

図1　Padletでの投稿

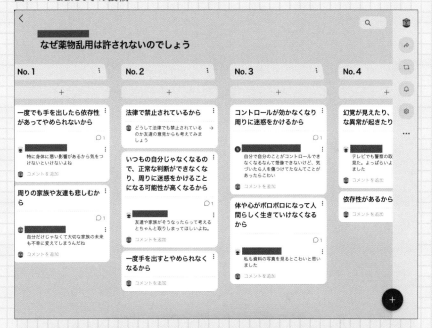

●ワンポイント・NGなど　「Padletでの意見交流」

　「Padlet（パドレット）」は、Webブラウザで無料でも使えるオンライン掲示板アプリです。テキストを入力しての投稿はもちろん、画像、音声、動画、手書きなど、いろいろなものを投稿して、みんなで閲覧したりコメントしたりできます。Apple、Google、Microsoftなどの各アカウントで登録したら、子供たちを招待します。子供たちは二次元コードを読み込むだけで使えます。自分の意見を投稿したり、友達の投稿にコメントしたり、テキストでのやり取りが簡単にできます。タイピングに時間がかかる中学年よりも、高学年での活用が望ましいでしょう。

■第8時 「地域の様々な保健活動の取組」

　地域では、保健に関わる様々な活動が行われていることについて学習します。学校では、養護教諭だけでなく、学校医や学校薬剤師が子供たちだけでなく、環境を調べて定められた基準に達しているか定期的に確認していることを知るとともに、その活動を学校外に向けていきました。予防接種の通知や街で見かける掲示物など、以前の6年生の学習の成果物を活用するなど工夫しました。また、保健所や保健センター、役所の関係者にインタビューした動画をICT端末上で共有することで、子供は日頃は接することのないところでも、日々多くの方がみんなの健康のために働いていること、法律などによって一人一人の健康が支えられていることについて理解を深めることができました。

【総合的な学習の時間との関連】

　限られた保健領域の時間ではなく、総合的な学習の時間での健康に関わる内容として、地域の保健活動について、探究的に学習を進めていくことにおいてICT端末を用いることも効果的です。例えば、身の回りにある保健活動や情報について、持ち帰ったICT端末で写真を撮影するなど、フィールドワークをすることでより身近なものとなります。

評価

見えにくい知識の定着度合いや思考や学習のプロセスを可視化・記録する

　保健領域では、導入の場面で高めた学習内容に対する関心や意欲を基に、展開の場面において、調べたり、実験をしたりすることを通じて、正しい知識を身に付けることが大切です。「知識・技能」に関する形成的評価を行い、その正しい知識を基に「思考・判断・表現」する活動につなげる必要があります。「主体的に学習に取り組む態度」として、学習に粘り強く取り組む側面と本時（単元）の終盤にかけて、自らの学習を調整する側面を評価します。

　「知識・技能」については、前述の展開場面での知識の押さえの他に、まとめの場面で本時の学習内容について正しく理解したかどうかを評価するために、ICT端末を活用することができます。Kahoot!やMentimeterなどの無料アプリを使って、クイズ大会形式で子供たちの学びを評価することができます（図2）。

　「思考・判断・表現」については、前述のPadletなど自身の考えを投稿できるアプリを活用し、健康影響が大きい喫煙・飲酒などの開始を防止する方法についてケーススタディをしながら正しい知識を基に適切に助言を書き出して、投稿しているかで評価します。

　「主体的に学習に取り組む態度」については、その助言を考えるに当たって、教師が提示した資料の他に進んで見付けた資料を活用するなど粘り強く取り組む側面と、投稿された友達の意見についてコメントを付けているなど、自身の学びを調整している状況を可視化して評価に生かすことができます。

文責：増嶋 広曜、他

図2　Kahoot!を使ったクイズ

第 **5** 章

これからの体育で
求められること

1 運動が苦手でも体育が得意になる指導とは

　子供に「あなたは、体育が得意ですか？」という質問をすると、走るのが速かったり、サッカーを日常的に遊びとして行っていたりする、いわゆる運動が好き・得意な子供の多くは、「体育が得意」と答えるでしょう。一方、運動に苦手意識をもっていたり、日常的に運動に親しんでいなかったりする子供は、「体育は苦手」と答えることと予想されます。

　確かに、体育に限らず子供の得意・苦手の意識を左右する最も大きな要因の１つは、その教科等の技能の程度であることは明らかです。「〜がうまくできる」という実感が、その教科等への自信に直結するのでしょう。このことは、「○○を得意にする」には、「○○がうまくできている」実感を味わえるようにすることが重要であることを示唆しています。

　「体育が苦手」と感じる子供は、「体育は技能の習得が主たる学習内容であるため、自分は運動が得意でないから体育は苦手」と捉える傾向にあるのではないでしょうか。技能の習得が学習の中心である授業を受けていれば、子供がそう感じてしまうのも当然であると考えられます。

　教師であれば、技能の習得だけが体育の指導内容でないことは理解しているでしょう。しかし、体育の授業で子供が実感する教科の印象は、教師がその授業で何に重きを置き、何を指導しようとしているかによって変わってきます。「運動が苦手でも体育は得意」と思える子供を１人でも多く育てることができるような授業の創造が求められます。

1 技能の習得だけを学習の中心に据えない

　技能の習得は、子供にとって学びの目標であり、課題設定・解決の源であることは言うまでもありません。「もっとうまくなりたい」「勝ちたい」など、技能の習得や向上を目指すことは、教科の特性とも言えます。

そのため、「できるようになった」「うまくなった」などの技能の向上についての実感を、限られた時間内で1人でも多くの子供が味わえるようにしたいのは、教師の純粋な願いでしょう。しかし、授業で最も大切にしたいことは、技能の向上や習得を目指して「何を」（課題）、「どのようにするか」（解決方法）です。「○○ができるようになるための自己の課題に気付き、解決のための活動を選び、試行錯誤を重ねるなどして粘り強く課題に取り組むこと」を学習の中心に据えると、結果としての技能の習得だけに終始しない指導観が確立されます。「自分の課題を設定できているね」「何度も工夫しながら取り組んでいるね」「仲間によいアドバイスしているね」など、思考・判断・表現に関わる指導と評価を重視することで、「うまくできなくても先生や仲間が褒めてくれるので私は体育が得意」と思える子供を育むことができるのではないでしょうか。

② 多様な「できる」を確実に評価する

　技能に関する「できる」だけでない「できる」を、体育の授業でより多く出現させたいところです。知識の習得も、技能と同様の「できる」と捉え、「運動の行い方が分かる」「運動のこつやポイントが分かる」などは知識に関する「できる」です。また、「何が課題か分かる」「課題解決の手順が分かる」「友達に分かりやすく説明できる」などの思考力、判断力、表現力等に関する「できる」もあります。さらに、「準備や片付けが上手にできる」「友達の動きをよく見て、応援ができる」「自分や友達の安全に気を付けながら運動ができる」など、学びに向かう力、人間性等に関する「できる」もあります。つまり、体育には技能以外にもたくさんの「できるようになる」ことを目指す指導があり、その結果としての「できる」を評価する場面が多くあるはずです。その際、技能以外の「できる」も体育の「できる」であることを子供に繰り返し示し、たとえ運動が得意でなくても、体育が得意な子供がたくさんいることを、場面に応じて学習者に意図的に伝えることにより、子供の体育に対する捉え方を変えていただきたいと考えます。　　　　　　　文責：高田 彬成

2

心の健康の大切さを
どのように実感させていくか

1 心の健康の現状

　WHO（2012）によると、世界の児童生徒のうち約20%が心の問題を抱えていると報告しており、小学生の時期から心を健康にしていくための教育や精神疾患を予防するための取組が必要です。日本では、2021年の小中学生の不登校は約24万人（小学生約8万人、中学生約16万人［20人に1人が不登校］）と9年連続で増加しており、過去最多を記録しています。心の問題が長期化すると精神疾患にかかり、早い時期での精神疾患の予防が病気の再発や長期の予後の改善に役立つと報告しています。心の問題は児童期に始まることから、この時期に知識を身に付けるべき内容です。

2 指導に当たっての留意点

　小学校学習指導要領（2017年）における「心の健康」の内容を概観すると、「心の発達及び不安や悩みへの対処について理解するとともに、簡単な対処をすること。」といった下線で示す技能の習得が加えられました。さらに、内容のまとまりごとに見ると、「心の健康」では「心と体の相互の影響」が「心と体との密接な関係」に変更され、「不安や悩みへの対処」では「不安や悩みへの対処として、体ほぐしの運動や深呼吸を取り入れた呼吸法などを行うことができるようにする」といった呼吸法が追加されました。心の健康を保健で取り上げる場合の留意点として、森（学校保健研究64、2022）の報告を参考にすると、以下の3点を挙げられると考えられます。
① 　小学生にとって大切な心の発達の取り扱い
② 　心の健康に関する技能の取り扱い

③　教育を進める上での配慮事項

　①の小学生にとって大切な心の発達については、家族や友達、地域の人々など人との関わりを中心とした指導が肝要となります。学童期は体が徐々に成長するように心も徐々に発達していきます。体の発達には運動・栄養・休養が必要ですが、心の発達については学習指導要領に「心は人との関わり、あるいは自然とのふれあいなど様々な生活経験や学習を通して、年齢に伴って発達すること」と記載されています。一番初めに人との関わりが挙げられていますし、よりよいコミュニケーションが大切であることも記載されており、人との関わりを中心に指導をします。

　②の技能については、小学校では「不安や悩みへの対処」、中学校では「ストレスへの対処」が技能として位置付いています。高校においても、「心の不調への気付き」「専門機関への相談の仕方」など技能と考えられる内容が示されています。今次改訂の学習指導要領では、「技能」として示された内容は「応急手当」「心肺蘇生法など」のような「手技」や「実際に体を動かして行うこと」などに限定されたことを踏まえると、具体的な呼吸法やリラクセーションなどを教える必要があります。その際、運動領域の体ほぐし運動と関連させて指導する必要性を考慮し、ストレスを無くすなど心の健康を保つためのテクニックとして子供が家庭でも実践できる体ほぐしの運動を紹介するなどの工夫が求められます。

　③の配慮事項については、今次改訂で二次予防・三次予防に関わる内容が位置付けられている中、現に精神疾患のある児童生徒や、家族など周囲に同様の疾患をもつ人がいる学習者に対する配慮が必要になります。児童生徒に当事者の立場に立って考えさせたりするためには、ある程度具体的な内容に踏み込む必要がありますが、同時に当事者の権利や尊厳に配慮しつつ、差別や偏見の対象ではないことを理解させるような慎重で丁寧な授業づくりが今後さらに求められます。まとめとして、（公財）日本学校保健会の現代的な健康課題対応委員会では、心の健康に関する目標が示され、体育科・保健体育科が中核となるとしています。これを踏まえ、充実した保健の授業が求められます。　**文責：山田 浩平**

3

幼児期の教育と一層の関連を図った指導とは

1 幼児期の運動の意義とその影響

　現在、幼児期の子供たちに、１日当たり60分以上の運動を行うことが推奨されています。この時期から運動に親しみ、運動習慣を身に付けることが、幼児の健康のみならず、大人になってからの健康にも大きな影響を及ぼすためです（文部科学省、2012）。小学校入学前に体を動かす遊びをしていた子供とそうでない子供とでは、新体力テストの結果に大きな差が認められることも報告されています（文部科学省、2014）。

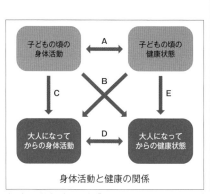

身体活動と健康の関係

（文部科学省（2012）「幼児期運動指針ガイドブック」より作成）

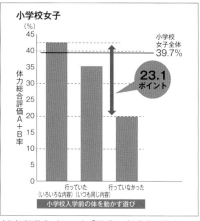

（文部科学省（2014）「平成26年度全国体力・運動能力、運動習慣等調査結果報告書」より作成）

2 小学校低学年における「運動遊び」とは

　現在、小学校低学年の体育では、幼児期の運動生活との接続を図る意味で「運動遊び」として授業が展開され、「児童が易しい運動に出会い、伸び伸びと体を動かす楽しさや心地よさを味わう遊びであることを強調

したもので、（中略）入学後の児童が就学前の運動遊びの経験を引き継ぎ、小学校での様々な運動遊びに親しむことをねらいとしている」と説明されています（文部科学省、2018）。

❸ 幼児期の運動生活と一層の関連を図った指導とは

　小学校低学年では、子供たちが「やってみたい」「楽しそう」と思える授業づくりを大切にすることや、子供たちのアイデアを活かして学びを広げていく余裕のある展開を教師が見通すことが大切になります。

　具体的には、シンプルな動きから活動を始めて、少しだけ距離を伸ばす、リズムを変える、用具を変える等、活動に変化を付けることで興味・関心を持続したまま次の課題に取り組めるようになります。また子供が次の課題や新しい動きを見付けたときには、それらを取り上げて活動の種類を増やしながら、「動きの引き出し」を育てていくことが重要です。

フープを少しだけ離してみる

行い方を話し合って活動する

　幼児期からの運動生活を引き継いで、友達とも豊かに関わりながら「運動の日常化」が実現するよう取り組むことが、豊かなスポーツライフの基礎を培うことにつながります。　　　　　　　　　　　　文責：細越 淳二

【参考文献】
・細越淳二（2020）「子どもはやっぱり運動が大好き！」体育科教育　2020年8月号
・細越淳二（2020）「コロナ禍での子どもたちの運動生活」体育科教育　2020年10月号
・文部科学省（2012）「幼児期運動指針ガイドブック」
・文部科学省（2014）「平成26年度全国体力・運動能力、運動習慣等調査結果報告書」
・文部科学省（2018）「小学校学習指導要領（平成29年告示）解説　体育編」

4

日常生活との関連を図った指導とは

　体育授業と日常生活との関連を図るために、「運動生活」というキーワードで体育授業づくりをすることが大切であると考えています。

　「運動生活」とは、体育授業で運動の内容を知り、子供たちの日常生活でも運動が身近にあり、自分自身で課題解決をしながら意図的に運動する場面を取り入れた日常生活のことです。そこで、子供たちの日常生活の中に「運動生活」が意識されるために、体育授業における3つのポイントについて考えます。

1 体育授業で核を学び、日常生活で取り組む

　体育授業を「運動生活」と関連付けるためには、授業で取り上げる技能を中心に、技能に結び付く運動教材を考えることがよいでしょう。例えば、器械運動では技能に結び付く大切な感覚（例：「逆さ感覚」「体の締め感覚」「腕支持感覚」）などがあります。体育授業で学ぶ技能を核とすれば、その核に結び付く感覚づくりの運動は日常生活に関連付けやすいのです。体育授業づくりの中で単元全体や1時間の展開を考えるとともに、日常生活に切り離して取り組むことができる下位教材なども同時に検討するとよいでしょう。

2 「少しでもできた」（達成）と「続けられた」（継続）を可視化する

　体育授業では、子供たちの学びの様子をまとめ、振り返りにも活用する「学習カード」を使用した実践が多く見られます。「運動生活」では、家庭でも取り組めるように、運動への取組を記録できるカードなどを用いるとよいでしょう（例：体育の宿題・体力貯金通帳・柔軟・倒立カード）。子供自身の日常生活での運動の取組の様子や記録が残っていることも「運

動生活」に必要な要件となります。大切なことは、無理な設定をするのではなく、あくまで少しの時間や運動量でも、楽しく続けられる取組にすることです。「少しでもできた」（達成）ことが次への意欲となるからです。また、昨今の子供たちは習い事や学習塾など、その生活はより多忙化していると受け止めることが必要です。「運動生活」を続ける気持ち（継続）はUターン（もうやめよう）します。そこで、体育授業の中では、日常生活で取り組んだ「運動生活」の取組を発表できるとよいでしょう。「運動生活」は順調に展開されていくのではなく、時にはUターンしながら、より自分の生活に位置付くのです。

❸「授業で決める」から、「自分で決める」へ

　体育授業で学んだことを、日常的に取り組むことは、子供たちの生活スタイルや運動ができる環境によって左右されますので、一律にできるとは限りません。小学校においてはその発達の段階に合わせて、指導者（授業者）が運動を奨める段階から、子供自身が主体的に決める段階へ「運動生活」を成長させることがよいでしょう。つまり、運動の中身を「選択する運動」から「自分が取り組みたい運動を考える」に成長させることがよいのです。そのためには、体育授業で、子供が運動に関心をもつことができる「体育の豆知識」（例：体つくり運動の授業…「運動強度って何？」「正しい走り方とは？」）などが有効であると考えます。自分の日常生活に運動を能動的に取り入れ、「運動生活」をする子供を育むきっかけが体育授業にあるのです。現行の学習指導要領でより一層強調された「豊かなスポーツライフ」とは、子供が学校教育を終えてからも、人生の中で、自分に適した運動に寄り添い、そこで表れる様々な課題を解決しながら心身ともに健康に生きていくことを目指しています。

　体育授業と日常生活が関連付いた「運動生活」に子供を誘うためには、体育授業で取り上げる運動特有の知識を基に、自ら課題をもち、仲間とともに見方・考え方を活用して、課題解決をすることができる授業づくりが求められるでしょう。

文責：松井 直樹

5

教師の指導力向上のための
研修の在り方

　教師の指導力向上は、子供たちの教育を充実することに直結します。おそらく、ほとんどの教師が、「もっと授業が上手になりたい」「もっと子供たちに分かりやすく伝えたい」「子供の悩みや困りに気付きたい」「個別の子供の苦手やつまずきに寄り添い支援できるようになりたい」「子供の可能性を引き出し、導き、伸ばしたい」「教師としての専門性を高めたい」などと考え、そのための指導力向上を求めていると思います。一方で、学校現場における教師の長時間勤務や人員不足等を背景とする教師の多忙化は深刻であり、毎日の業務を遂行することに精一杯で、自己研鑽のための取組を行うことができない教師も少なくないと思います。

　この状況においては、教師の職場環境の改善を目指した働き方改革が急務ではありますが、それと並行して、忙しい時間が多い教師も今ある時間の中で自己研鑽のための取組に参加できる仕組みづくりが重要であると考えます。

　教員研修を担う全国の教育センターの研修体制は、ここ数年で大きく変化しました。その最も大きな変化が、「オンライン研修」です。参集のための移動がなくなったことから、研修参加のための時間が大幅に短縮されました。また、個人の都合がよい時間に視聴することができる「オンデマンド研修」は、多忙な時期や時間を避けて研修を行うことができます。

　ただし、体育の研修においては、この「オンライン研修」が画期的・効果的な研修体制であるかと言うと、必ずしもそうであるとは言えないと考えます。体育は、子供たちが運動することの楽しさや喜びを感じたり味わったりすることが大切であり、研修において教師もそれらを理解できるようにするためには、実際に運動を行ってみることが重要な場合

があるからです。

　そのため、体育の研修においては、オンラインでなくても教師が参加しやすい状況で実施することができる「研修コンサルタント」に力を入れている自治体があります。研修の実施を希望する学校や地域に、教育センターの研修担当の指導主事を派遣するという研修体制です。

【研修コンサルタントのメリット】

●勤務校や勤務校に近い会場で、教育センターの研修担当の指導主事による研修を受講することができる。

●研修担当の指導主事が学校や地域の課題や要望に応じて、適切な研修を提供することができる。

●研修以降に実施する授業研究会や協議会、翌年度以降の研修等に研修担当の指導主事が継続して関わることができた場合、一貫した指導・助言の中で学校や地域の教師の指導力向上の取組を進めることができる。　　　　　　　　　　　　　　　　　　　　　　など

　もちろん、「研修コンサルタント」は、体育以外の各教科等でも実施されていますが、体育においては、学校の体育館や地域のスポーツ施設等を会場とすれば、教育センターで開催する研修と同様に、実際に運動を行うプログラムを伴う研修が実施できることは大変な魅力です。

　令和4年8月に改正された「公立の小学校等の校長及び教員としての資質の向上に関する指標の策定に関する指針」（文部科学省）は、教師に共通的に求められる資質の事項として、①教職に必要な素養、②学習指導、③生徒指導、④特別な配慮や支援を必要とする子供への対応、⑤ICTや情報・教育データの利活用を掲げています。これらは当然、体育の指導においても発揮されるものです。

　これらの資質向上を希求する教師には、学校や教師の現状を踏まえながら各教育センターが工夫を凝らして実施している研修に注目し、積極的に受講していただきたいと思います。　　　　　　　　　　**文責：斎藤 祐介**

6

小学校体育における教科担任制を考える

　令和3年1月26日の中央教育審議会答申「『令和の日本型学校教育』の構築を目指して〜全ての子供たちの可能性を引き出す、個別最適な学びと、協働的な学びの実現〜」において、「小学校高学年からの教科担任制を（令和4年度を目途に）本格的に導入する必要がある」と示されたことにより、全国で小学校における専科教員に配置が進められています。

1 小学校体育における教科担任制の実施状況

　体育における教科担任制の実施状況については、「令和4年度全国体力・運動能力、運動習慣等調査報告書」（スポーツ庁）に示されています。

　報告書によると、全国の小学校の4分の1に当たる24.9%が体育の授業における教科担任制を導入していると回答しています。具体的な取組については、そのうちの79.2%が校内の教師による授業交換、18.9%が常勤もしくは非常勤の体育専科教員の配置と回答（複数回答可）していることから、体育の教科担任制の導入が体育の専科教員の配置と直接結び付いている状況ではないことが分かります。

　また、体育の教科担任制を実施している学年（T・Tによる指導も含む・複数回答可）については、第5学年71.2%、第6学年73.5%と、高学年での実施を回答した学校が多いですが、第1学年28.0%、第2学年32.3%、第3学年39.4%、第4学年46.9%と、低・中学年で実施しているという回答も少なくありません。このことからは、全国の学校現場での体育の教科担任制の実施が、小学校高学年からの教科担任制の導入の必要性を示した中央教育審議会の答申を受けたものであるとは、必ずしも言えないと考えます。

　体育の教科担任制の実施状況は、これまで小学校現場が、子供の学び

の充実や教師の指導の効率化を図るために、校内の教師による授業交換という方法を主として、学年を問わず取り組んできたものと言えます。

2 小学校体育における教科担任制の在り方

　体育は、生涯にわたる豊かなスポーツライフの実現に向けて、小学校から高等学校までの12年間を見通して、発達の段階を４年ずつのまとまりで捉えています。小学校であれば、第１学年から第４学年までの４年のまとまりは「各種の運動の基礎を培う時期」、第５学年・第６学年と中学校の第１学年・第２学年の４年のまとまりは「多くの領域の学習を経験する時期」となっています。

　これを見ると、専科教員が指導する中学校と同じまとまりである「多くの領域の学習を経験する時期」の高学年は、中学校との円滑な接続に配慮する点からも教科担任制が有効であると言えます。

　ここでは、全国で取組が多い「校内の教員による授業交換」による体育の教科担任制を、高学年で実施する際に着目したい点を挙げます。

●高学年の子供は体力についての認識が高まってくることから、学級担任と連携し、体育の学習内容を休み時間や日常生活にもつなげ、子供が自ら進んで運動を実践する習慣の形成を目指したい。

●高学年は、学校内外における体育的行事に取り組む機会が多いことから、学級担任と連携し、体育の学習内容と体育的行事の取組を関連付け、双方の活動と教育的効果の充実を図りたい。

●高学年の体育の授業時数は、各学年90時間であることから、年間35週の中で見通しをもった指導計画を立て、持続可能で円滑な授業交換の実施を目指したい。

　すでに体育の教科担任制を実施している場合も、これからの実施を検討している場合も、よりよい取組を進めるための視点として、これらのことについて確認してほしいと考えます。　　　　　　　　　　　　文責：斎藤 祐介

7

中学校との連携の在り方

　全国で小中連携の取組が進む中、体育・保健体育による小中連携もまた、各地で積極的に取り組まれています。

　体育・保健体育は、生涯にわたる豊かなスポーツライフの実現に向けて、小学校から高等学校までの12年間を見通して、学習したことを実生活や実社会に生かし、運動の習慣化につなげ、豊かなスポーツライフを継続することができるよう、小学校第１学年から第４学年までの４年間を「各種の運動の基礎を培う時期」、小学校第５学年から中学校第２学年までの４年間を「多くの領域の学習を経験する時期」、中学校第３学年から高等学校卒業までの４年間を「卒業後も運動やスポーツに多様な形で関わることができるようにする時期」といった発達の段階のまとまりを示しています。小学校の体育においては、幼稚園等における幼児期の体を動かす遊びと低学年の運動遊びの接続とともに、小・中学校をまたがる「多くの領域の学習を経験する時期」における高学年の体育と中学校の保健体育との接続を重視し、系統性を踏まえた指導が求められます。

1 小・中学校の接続を重視した年間指導計画

　「多くの領域の学習を経験する時期」である小学校第５学年から中学校第２学年までの４年間は、全ての児童生徒が、体育・保健体育における全ての領域（武道及び体育理論は、中学校第１学年から。中学校第３学年からは、領域を選択して履修）を学習しますが、各領域において取り上げる種目等までが多岐にわたると、系統性を踏まえた指導が難しくなってしまう場合があります。

　そこで、小・中学校間で両校の体育・保健体育の年間指導計画の共有と調整が重要となります。例えば、ボール運動・球技は、中学校がどの

種目を取り上げて指導する計画であるのかを把握し、中学校での学習を想定して取り上げる種目を検討したり、指導内容を設定したりすることが挙げられます。中学校が第1学年でハンドボールを取り上げる計画である場合、小学校においても第6学年でハンドボールを基にした簡易化されたゲームを行うこととしたり、中学校におけるゴール前での攻防の学習を踏まえて、全員がパスを受けてシュートをする動きを身に付けることを主眼に置いた授業を展開したりするなどが考えられます。

2 小・中学校の接続を円滑にする研修や協議会

体育・保健体育の小中連携に、接続する学校間同士だけでなく地域全体で取り組んでいる市町村等も多く見受けられます。その主な方法が研修や協議会の実施です。

ある町では、体育・保健体育の教科研究会において、小中合同の授業づくりの研修会を実施しています。器械運動のマット運動を研修内容として、各校種の学習指導要領解説に例示された技をどの学年でどのように扱い、どのような学習活動を展開するのが効果的であるかなどについて、小・中学校の教師が共に実技を伴いながら研修をします。その際、小学校の内容は高学年のものだけでなく、その前段階である中学年で扱う技や、運動の基礎を培う低学年の運動遊びも取り上げ、9年間の系統性を踏まえた学びについて検討します。

また、ある市では、児童生徒の体力向上の取組について、市内の全小・中学校の体育・保健体育担当者が一堂に会して行う協議会を実施しています。体育・保健体育の授業はもちろん、授業以外の時間の活用にも触れた体力向上の取組に関する講義の後、接続する学校ごとの小グループに分かれた協議では、学校間で実態を共有し、共通した目標とその達成に向けた活動の計画を話し合います。

このように、小中の接続を体育・保健体育の視点で捉え、小・中学校の教師が情報を共有したり、意見を交換したりする機会を定期的・継続的に設けることが大切であると考えます。　　　　　　　文責：斎藤 祐介

外部との連携を図った体育科授業のミライ①：研究者等との連携

1 子供にとって、より意味のある体育授業を目指して
～研究者との連携の意義～

　「チーム学校」「教員の同僚性」などと言われるように、近年では教師が共同して授業づくりに向き合う取組が、より積極的に行われるようになっています。このことのよさの1つは、多くの教師がもつアイデアや経験をもとにして、子供たちによりフィットする授業を構想・実践することができる点にあります。1人の教師だけでは知り得なかった指導のポイントやレパートリーを知ることが可能になり、多様な子供たちに合わせて指導法を選択することができるようになります。

　これに加えて研究者との連携を試みることにも、多くの意義を見いだすことができます。研究者は通常、ある理論モデルをもち、その効果を検証するという研究の流れをもつので、新しい理論や教材・教具、環境、知見に触れながらより良質な授業を目指す機会を得ることができます。また、研究者チームと連携することで毎時間の授業で生じている行動的事実を知ることができますし、その時間の子供たちによる授業評価や単元終了時点での学習成果を整理・分析してもらうことも可能になります。授業後は、客観的な視座からコメントを受けることもできるでしょう。もちろん、これらは事前に研究者とどのような内容について観察・分析するのかを十分に打ち合わせておく必要がありますが、様々な点で気付きを得ることができるのではないかと筆者は考えます。もちろん研究者も、授業者の教師、子供たち、そして授業から真摯に学ぶ姿勢がなくてはいけないということは言うまでもなく、このような連携の大前提となります。

2 研究者と連携した、意味ある授業研究を進めるために

　研究者との連携をする際に、その研究者がどのようなことに研究的な興味・関心をもっているのかを知り、お互いが子供たちのために「共同研究者」になれるかどうかは非常に重要です。

　研究者と授業者が協力しながらアクションリサーチができるようになると、共同歩調で取組を進めることができるようになり、授業の質も向上していきます。研究事例として細越・松井（2009）は、体育授業のよさを肯定的な学級集団の育成に活かす目的で、下図のような流れでアクションリサーチを展開しました。授業とカンファレンスを交互に行い、継続的に課題への対応策を共有して実践を展開・記録・分析を進めた結果、体育好きと学級好きの子供の割合が増加したことを報告しています。

図　アクションリサーチの展開（細越・松井、2009）

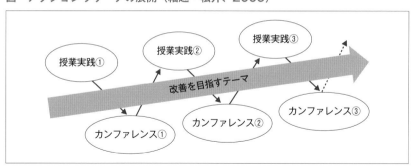

　教師が授業で子供を育てていくように、学校外の専門家（研究者）と連携することで"教師が育つ"ような取組も、実践者と研究者の協働によって増えていくことが期待されます。そのために研究者側も、その目的の理解や関与の仕方等について、能力を高めることが求められています。

文責：細越 淳二

【参考文献】
・秋田喜代美・市川伸一（2001）「教育・発達における実践研究」南風原朝和ほか：編著『心理学研究法入門』東京大学出版会、pp.153-190.
・細越淳二・松井直樹（2009）「体育授業と学級経営の関係についてのアクションリサーチの試み－M学級の１学期の取り組みから－」体育授業研究12：pp.45-55.

9

外部との連携を図った体育科授業の ミライ②：学校医等との連携

1 保健教育の地域との連携の意義

　学校における保健教育を効果的に進めるには、家庭との連携、地域の関係機関等との連携が大切です。その中でも、地域関係機関との連携に視点を当てると、子供の健康課題の背景が複雑化する中で、健康を守るためには専門的な知見に基づく教育活動が必要となる場合も少なくありません。地域には、保健教育を推進するに当たっての様々な資源があり、保健所や市町村保健センター等が行う保健事業と連携を図ることも、学校で行う保健教育を充実させていくことにつながります。

2 指導に当たっての具体的な取組

①保健所等には地域医療で活躍している専門家が所属しているので、保健教育の内容に照らして適切な講師を依頼し、協力を仰ぐことが可能です。なお講師を依頼する場合には、対象となる子供の興味・関心や理解力等、発達の段階を考慮した内容や指導方法になるよう、講師と学校の役割分担について事前の打合せを十分に行うことが重要です。

②保健教育の内容によっては、子供が保健所等の関係機関を訪問し、課題について調査し、その結果を授業等で発表することもできます。地域関係機関には、地域住民の健康教育に寄与するための映像資料、パンレット等を作成しているところもあり、各都道府県の教育センターや保健所・市町村保健センター等の視聴覚資料を利用することもできます。その際には、関係機関職員との事前の連絡・打合せ等を十分に行い、受け手の側の負担過重にならないようにする必要があります。

③子供の健康課題によっては、疾病管理とともに健康な生活習慣の指導

が必要となる内容もあり、学校医、学校歯科医、学校薬剤師の専門的な助言が不可欠となってきます。さらに、保健教育の充実に向けて、学校医等を通してより専門的な機関からの協力を得ることも重要です。

③ 学校医と連携した保健授業の実態

　学校での効果的な保健教育の実施に当たり外部講師の活用が推進されていますが、学校医を対象とした子供の健康教育等のニーズに関する実態調査（2018）によると、2017年度に小・中学校の保健教育に外部講師として参加した人の割合が19.7％と低調であったことが報告されています。さらに、学校医が重要だと思っている保健教育の内容を降順に示すと、「スマホやゲームの依存60.7％」「食育60.4％」「睡眠と健康に関する教育49.1％」「心の健康40.1％」でした。多くの学校医が挙げた「スマホ・ゲーム依存」は、WHOの国際疾病分類（ICD-11）の中に新たに疾病概念として明記され、睡眠や学業などの様々な日常生活と関係があると指摘されています。学校においては、規則正しい生活の視点から指導を行うことになり、その中で専門的な知識を学校医等から助言してもらうスタイルになると考えられます。日本医師会のホームページには、都道府県ごとに外部講師のリストが掲載されており、このような資源を有効に活用することが可能です。さらに、「がん」に関する教育だけでなく、睡眠・喫煙など生活習慣に関わる健康教育教材等も紹介されています。

　外部講師を活用した授業の実施のための手順としては、以下の2つの流れになります。その際、指導形態（学校全体、学年単位、学級単位）によって、指導の内容や方法が変わることに留意する必要があります。

・学校内では、保健主事や授業を担当する保健体育教諭や学級担任などを中心に核となる教員を決め、関係教職員と連携しつつ授業を企画します（日時、テーマ、担当講師、準備物、予算等）。
・外部講師を活用した授業の企画に合わせて、関係機関に講師の派遣を依頼します（講師選定、事前打診、正式依頼状送付、打合せ日程調整）。

文責：山田 浩平

10

インクルーシブ教育との連携を図った体育科授業のミライ

1 同じ場で共に学ぶ体育授業

　小学校の体育は、全ての子供が運動に楽しく取り組むことができるように、規則やルール、場や用具を工夫する授業づくりが根付いていますので、それらの工夫が、障害の有無にかかわらず、運動をする際に子供が感じる困難さを消失・軽減している実践は多くあります。

　ここでは、運動領域を主として話題を進めますが、例えば「ハードル走」であれば、ハードルの高さや種類、台数、スタートからフィニッシュまでの距離、ハードルを設置するインターバルの距離などを複数準備し、子供が自己の能力に適したものを選んで取り組む授業が行われています。これは、障害により走ることや走り越えることに困難がある子供に対しても有効な手立てになります。取り組むレーンは別になっても、同じ授業で互いに自己の記録の伸びや目標とする記録の達成を目指して、仲間と共に学ぶことができます。

　一方で、仲間と一緒に運動するときの安全が懸念される場合や、仲間とのコミュニケーションに困難さがある場合、同じ場にいても、障害のある子供がその学級の担任とは別の教師とともに個別の指導計画で学習に取り組む授業も行われています。全ての子供に安心・安全な運動機会を保障するための指導は大切です。それを大前提としながらも、全ての子供が仲間と励まし合ったり助け合ったりしながら運動に取り組む喜びを味わうことができる場面の実現を目指してほしいと思います。

2 同じ場で競い合う楽しさを味わうための工夫

　ある市の陸上運動記録大会は、全市の６年生が市内の陸上競技場に集

まり、自己の新記録を目指して他校の子供と競走（争）をします。

　大会内で行われる短距離走は、50m走と100m走の２種目があります
が、50m走には、フィニッシュラインから10m手前の地点をスタートラ
インとする、つまり10mの距離になりますが、それを車椅子で進むこと
に挑戦する子供がいる組が数組あります。50mを走る子供も、10mを車
椅子で進む子供も同じ合図で一斉にスタートします。それぞれが記録更
新に向けて精一杯に取り組んでいるので、ゴール前はデッドヒートです。

　この競走（争）の素晴らしいところは、障害のある子供と障害のない
子供が同じ組の中で、それぞれができる力を最大限に発揮して、ゴール
する最後まで競い合う楽しさを味わうことができるということです。

　競走には熱い声援が、レース後にはどの子供にも温かい称賛の拍手が
送られていました。大変素晴らしい実践であると感じました。

３ 障害者スポーツを体験する活動

　小学校学習指導要領（平成29年告示）において、体育の運動領域におけ
るスポーツとの多様な関わり方について、具体的な体験を伴う活動を取
り入れるよう工夫することが示されたことから、体育の授業でパラリン
ピック競技などの障害者スポーツを体験する小学校が増えています。

　ある学校では、車椅子での買い物体験により、身近な生活での困難さ
を感じる総合的な学習の時間と、競技用車椅子で行うバスケットボール
の楽しさを感じる体育とをつないだ計画で授業を行い、車椅子での生活
について、子供の多面的な気付きや思考を促しています。

　このような授業は、学校だけで行うことは難しいので、教育委員会や
各競技団体、スポーツ協会などの事業を活用した出前授業などで取り組
む学校が多いと思います。その際、実際にそのスポーツを行っている障
害者の方が学校を訪問し、子供に行い方を教えたり、自己のスポーツで
の体験を伝えたり、一緒にスポーツをしたりすることは、大変価値のあ
る活動であるため、各校における積極的な取組に期待します。

文責：斎藤 祐介

編著者・執筆者一覧

【編著者】

高田彬成
帝京大学教授

横浜国立大学大学院修士課程修了。小学校教諭、市指導主事を経て、2013年4月より国立教育政策研究所教育課程研究センター教育課程調査官、2015年10月より（併）スポーツ庁政策課教科調査官として、2017年告示の「小学校学習指導要領及び解説」体育編の作成・編集を担当。2019年より現職。主な著書に、『確かな学習状況を見取る　小学校体育の評価規準づくり』（大修館書店）がある。

森良一
東海大学教授

東邦大学大学院医学研究科博士課程修了（医学博士）。栃木県教員、栃木県教育委員会等を経て、2008年4月より文部科学省、スポーツ庁の教科調査官として学習指導要領及び解説の作成・編集を担当。2018年4月より現職。主な著書に『イラストで見る　全単元・全時間の授業のすべて　中学校保健体育』（全3巻）（東洋館出版社）がある。

細越淳二
国士舘大学教授

筑波大学大学院修士課程体育研究科修了。2003年4月より国士舘大学に勤める。専門領域は体育科教育学、スポーツ教育学。2017年告示の小学校学習指導要領（体育）作成協力者、『「指導と評価の一体化」のための学習評価に関する参考資料 小学校体育』（2020年）作成協力者。主な著書に、『確かな学習状況を見取る　小学校体育の評価規準づくり』（大修館書店）がある。

【執筆者】 ※執筆順

第1章
高田彬成	帝京大学 （P.8-25／P.32-37）
森 良一	東海大学 （P.14-19／P.26-31）
細越淳二	国士舘大学 （P.38-44）

第2章
塩見英樹	文部科学省・スポーツ庁 （P46-53／P.78-81）
横嶋 剛	文部科学省・スポーツ庁 （P46-53）
吉岡正憲	埼玉県さいたま市立桜木小学校 （P.54-57）
柏原奈保	神奈川県横浜市立六浦南小学校 （P.58-61）
美越英宣	東京都教育庁 （P.62-65）
岩田 悟	札幌市教育委員会 （P.66-69）
清田美紀	環太平洋大学 （P.70-73）
森田哲史	埼玉県さいたま市立宮原小学校 （P.74-77）

第3章
森 良一	東海大学 （P.84-85／P.97）
永山恵子	東京都世田谷区立用賀小学校 （P.86-90）
細越淳二	国士舘大学 （P.91／P.103／P.109）
唐澤好彦	品川区教育委員会 （P.92-96）
畠中圭太	東京都江東区立豊洲西小学校 （P.98-102）
岡﨑隆太	高知県高知市立十津小学校 （P104-108）

第4章
細越淳二	国士舘大学 （P.112-115）
安本直哉	大阪府茨木市立春日小学校 （P.116-117／P.120-125）
増嶋広曜	東京都台東区立谷中小学校 （P.118-119／P.138-143）
藤井諒紀	埼玉県さいたま市立大久保東小学校 （P.126-131）
窪田 純	東京都町田市立金井小学校 （P.132-137）

第5章
高田彬成	帝京大学 （P.146-147）
山田浩平	愛知教育大学 （P.148-149／P.162-163）
細越淳二	国士舘大学 （P.150-151／P.160-161）
松井直樹	東京学芸大学附属大泉小学校 （P.152-153）
斎藤祐介	神奈川県立総合教育センター （P.154-159／P.164-165）

これからの体育科教育は
どうあるべきか

2023（令和5）年12月27日　初版第1刷発行
2024（令和6）年10月30日　初版第2刷発行

編著者：高田彬成・森良一・細越淳二
発行者：錦織圭之介
発行所：株式会社　東洋館出版社
　　　　〒101-0054　東京都千代田区神田錦町2丁目9番1号
　　　　　　　　　　コンフォール安田ビル2階
　　　　代　表　電話03-6778-4343　FAX 03-5281-8091
　　　　営業部　電話03-6778-7278　FAX 03-5281-8092
　　　　振　替　00180-7-96823
　　　　U R L　https://www.toyokan.co.jp

装　丁　水戸部 功
本文デザイン・組版　株式会社明昌堂
印刷・製本　株式会社シナノ
イラスト　オセロ

ISBN978-4-491-05387-5　　　　　　　　　Printed in Japan